中华人民共和国行业推荐性标准

公路隧道养护工程预算定额

Budget Quota for Highway Tunnel Maintenance

JTG /T M72-01—2017

主编单位：云南省交通运输厅工程造价管理局

批准部门：中华人民共和国交通运输部

实施日期：2017 年 10 月 01 日

人民交通出版社股份有限公司

图书在版编目(CIP)数据

公路隧道养护工程预算定额:JTG/T M72-01—2017/云南省交通运输厅工程造价管理局主编. —北京:人民交通出版社股份有限公司,2017.9

ISBN 978-7-114-14189-8

Ⅰ. ①公… Ⅱ. ①云… Ⅲ. ①公路隧道—公路养护—预算定额—云南 Ⅳ. ①U459.2

中国版本图书馆 CIP 数据核字(2017)第 224725 号

中华人民共和国行业推荐性标准

公路隧道养护工程预算定额

JTG/T M72-01—2017

云南省交通运输厅工程造价管理局　主编

人民交通出版社股份有限公司出版发行

(100011　北京市朝阳区安定门外外馆斜街 3 号)

各地新华书店经销

北京交通印务有限公司印刷

开本:880×1230　1/32　印张:7.625　字数:238 千

2017 年 9 月　第 1 版

2025 年12月　第 2 次印刷

定价:60.00 元

ISBN 978-7-114-14189-8

中华人民共和国交通运输部公告

第28号

交通运输部关于发布《公路隧道养护工程预算定额》的公告

现发布《公路隧道养护工程预算定额》(JTG/T M72-01—2017),作为公路工程行业推荐性标准,自2017年10月1日起施行。

《公路隧道养护工程预算定额》(JTG/T M72-01—2017)的管理权和解释权归交通运输部,日常解释和管理工作由主编单位云南省交通运输厅工程造价管理局负责。

请各有关单位注意在实践中总结经验,及时将发现的问题和修改建议函告云南省交通运输厅工程造价管理局(地址:云南省昆明市滇缅大道87号金通苑CD座1楼,邮政编码:650031),以便修订时研用。

特此公告。

中华人民共和国交通运输部

2017年7月16日

前 言

根据交通运输部厅公路字〔2011〕115号《关于下达2011年度公路工程标准制修订项目计划的通知》的要求，云南省交通运输厅工程造价管理局承担《公路隧道养护工程预算定额》（简称“本定额”）的编制工作。

本定额以交通运输行业已取得的科研成果及已制定的养护工程技术规范和标准为依托，并吸纳国内、外相关科研成果和工程经验，兼顾目前公路隧道运营养护工作的技术水平和行业需求，遵循“贯彻国家政策、法规，广泛调研、全国兼顾，统一性和差别性相结合，技术与管理相结合”的原则。

本定额包括两章和四个附录等内容：第一章土建工程，第二章机电工程，附录A砂浆及水泥混凝土材料消耗配合比，附录B材料周转及摊销，附录C人工、材料、半成品损耗率及基价表，附录D公路隧道养护工程机械台班费用定额。

请各有关单位在执行过程中，将发现的问题和意见，函告本定额管理组，联系人：李少春（地址：云南省昆明市滇缅大道87号金通苑CD座1楼，邮编：650031，电话：0871－65322853，传真：0871－65323991，电子邮箱：ynjtzjdek@163.com），以便修订时参考。

主 编 单 位：云南省交通运输厅工程造价管理局
参 编 单 位：招商局重庆交通科研设计院有限公司
云南省交通科学研究院

主　　　编：刘成志
主要参编人员：赵　谨　罗昭辉　张晓波　晋　敏　瞿国旭　秦　峰　段明磊
杨剑兰　顾　剑　程智清　张玉峰　李少春　徐　敏　肖达勇
邹　喻　张洲铭　刘庭勇　蒋相凤　杨金铨　肖　强　刘　聪

主　　　审：姚　沅
参与审查人员：李春风　方　申　阎秋波　易万中　林　志　陈　汀　李治国
李集光　祁雪梅

目　次

总 说 明

一、《公路隧道养护工程预算定额》(JTG/T M72-01—2017)(简称“本定额”)是全国公路隧道养护工程专业定额,是编制公路隧道养护工程年度养护费用及施工图预算的依据。

二、本定额适用于各等级公路隧道养护工程(不包括隧道内桥梁),不适用于新建、改建隧道工程及水下隧道工程。

三、本定额只规定了人工、材料、机械的消耗量,未对设备购置费、措施费、企业管理费、规费、利润、税金、专项管理费、土地使用及拆迁补偿费、养护工程其他费用等的计算进行规定。编制预算时,应根据本定额规定和各省(自治区、直辖市)发布的公路养护工程预算编制办法的有关规定办理。

四、本定额的机电养护工程定额适用于运营时间10年以内的隧道;超过10年的隧道,其机电养护费用可按各省(自治区、直辖市)规定调整。

五、本定额包括土建工程、机电工程共两章及附录。现行《公路隧道养护技术规范》(JTG H12)中各章节所含养护工程内容,本定额中未涵盖的,费用另计。

六、本定额是在增值税财税体制下,按照合理的施工组织和一般正常的施工条件编制的。定额中所采用的施工方法和工程质量标准,是根据国家现行的公路养护工程技术及验收规范、质量评定标准及安全作业规程取定的。使用本定额时,除定额中规定允许换算者外,不得因具体工程的施工组织、操作方法和材料消耗、机械种类和规格与定额的规定不同而抽换定额。

七、隧道养护工程鼓励采用更先进的新技术、新材料、新工艺、新设备,实际采用时应另行编制补充定额,不得在本定额中抽换。

八、本定额除隧道洞内工作按每工日 7h 计算外，其余均按每工日 8h 计算。洞内工程项目如需采用洞外工程的有关项目，所采用定额的人工工日、机械台班数量及小型机具使用费应乘以系数 1.26。

九、本定额中的工程内容，均包括定额项目的全部施工过程。定额内除扼要说明施工的主要操作工序外，均包括准备与结束、场内操作范围内的水平与垂直运输、材料工地小搬运、辅助和零星用工、工具及机械小修、场地清理、施工现场转移等工程内容，不包括施工区域封闭、施工安全设施布置、安全保通，以及完工后恢复交通等工程内容。各等级公路隧道的养护维修作业控制区内的公路交通安全维护按现行《公路养护安全作业规程》(JTG H30)要求执行，发生的施工安全维护作业费用按实际发生的费用另外计算。

十、本定额中的材料消耗量按现行材料的标准合格料和标准规格料计算。定额内材料、成品、半成品消耗量均已包括场内运输及操作损耗，编制预算时，不得另行增加。其场外运输损耗、仓库保管损耗应在材料预算价格内考虑。

十一、本定额中各强度等级混凝土和砂浆的材料消耗量已经按照本定额附录 A 中配合比表规定的数量列入定额，不得重复计算。设计采用的混凝土、砂浆强度等级与定额所列强度等级不同时，可按配合比表进行换算。混凝土、砂浆配合比表的材料用量，实际施工中不论采用何种配合比，均不得调整定额用量。

十二、本定额中各类混凝土均未考虑外掺剂的费用。当设计需要添加外掺剂时，可按设计要求另行计算外掺剂的费用，并按实际调整定额中的水泥用量。

十三、本定额中周转性的材料，模板、支撑、脚手杆、脚手板和挡土板等的数量，均已考虑了材料的正常周转次数并计入定额，不应抽换。当确因施工安排达不到规定的周转次数时，可根据具体情况进行换算并按规定计算回收。各种工程材料周转及摊销次数按照本定额附录 B 执行。

十四、本定额中各类混凝土均按施工现场拌和进行编制。当采用商品混凝土时，可将相关定额中的水泥、中(粗)砂、碎石及拌和设备台班的消耗量扣除，并按定额中所列的混凝土消耗量增加商品混凝土的消耗。

十五、本定额的基价是人工费、材料费、机械使用费的合计价值。基价中人工费按 106.28 元/工日计算，材料费按本定额附录 C 计算，机械使用费按本定额附录 D 计算。

十六、本定额中的施工机械消耗量已经考虑了工地合理的停置、空转和必要的备用量等因素。机械台班预算单价，应按本定额附录 D 规定计算。

十七、本定额中只列工程所需的主要材料用量和主要机械台班数量。次要、零星材料和小型施工机具均未一一列出，分别列入“其他材料费”及“小型机具使用费”内，以元计，编制预算时不得重复计算。

十八、本定额表中注明“××以内”或“××以下”者，均包括“××”本身；而注明“××以外”或“××以上”者，则不包括“××”本身。定额内数量带“( )”者，表示基价中未包括其价值。

十九、凡本定额名称中带有“※”号者，均为参考定额，使用定额时，可根据情况进行调整。

二十、本定额中的“工料机代号”系编制预算时软件对工、料、机械名称识别的符号，不应变动。

第一章　土建工程

说　　明

1. 本章定额包括隧道清洁维护、结构检查、保养维修、病害处治等项目。

2. 洞内工程项目的工程内容均包括施工照明、通风、供排水所需电缆、管路的安装、拆除及维修等，不包含对原有设施的迁改和保护。

3. 洞内工程项目的施工照明用电包括在定额消耗量内。

4. 本定额未考虑地震、坍塌、溶洞及涌、突水处理，以及其他特殊情况所需的费用，需要时可根据设计另行计算。

5. 定额工程内容中的操作脚手架，仅包括移动脚手架（或移动平台）的工作，不含脚手架（或移动平台）搭、拆的内容，脚手架（或移动平台）搭、拆另外见有关子目。

6. 本章定额中洞外废渣清运费用按洞外运输 200m 计，洞内废渣清运费用按洞内全部及洞外运输 200m 计。洞外实际运距超过 200m 时，应计算增运费用。

7. 本定额除“1－2－1 经常检查”以外的洞内工程项目按施工工作面距洞口 500m 以内编制。工作面距洞口长度每增加 500m（不足 500m 时按 500m 计），相应定额人工工日及机械台班数量增加 3%。

第一节　清洁维护

说　　明

1. 本节定额包括地面清扫、地面清污、边墙清洗、边沟清理，清洗标志、标线，斜井、风道清扫等项目。

2. 隧道清洗定额，按洒水汽车在水源处自吸水考虑，水的运输已包含在定额内。编制预算不得将高速公路内消防用水作为取水水源。

3. 工程量计算规则：

(1) 隧道清扫工程量按清扫面积计算。

(2) 地面清污工程量按清污地面面积计算。

(3) 边沟清理工程量按清理的水沟长度计算。

(4) 清洁维护各子目按一次清洁维护考虑。

1-1-1 地面清扫

工程内容 人工清扫：清扫洞内路面、电缆槽顶及检修道顶面、地下机房地面，杂物外运。

机械清扫：清扫洞内路面杂物、垃圾，杂物外运。

单位：1000m²

顺序号	项目	单位	代号	人工清扫	机械清扫
				1	2
1	人工	工日	1001001	2.4	—
2	路面清扫车	台班	8003103	—	0.03
3	小型机具使用费	元	8099001	0.6	—
4	基价	元	9999001	256	35

注：1. 交通量超过 5000 辆/昼夜时，每增加 1000 辆/昼夜（不足 1000 辆/昼夜按 1000 辆/昼夜计算），相应定额人工工日增加 3%。

2. 人工清扫的面积为实际面积，非指整个路面面积。

3. 机械清扫按不设中央分隔带可随机掉头清扫方式编制。对无法随机掉头的高等级公路隧道，机械清扫应乘以系数 1.1。清扫机械无法清扫的路面死角，需进行人工辅助清扫的，根据实际辅助清扫面积，按人工清扫乘以系数 1.15 计算；无法计算辅助清扫面积的，可按每 1000m² 增加 0.017 人工工日计算。

4. 本定额的清扫是指对尘土、杂物的日常清扫。对路面上妨碍正常交通的杂物的清除、意外事件或事故等因素造成的污染、被化学物品污染的处理等特殊保洁，应另外计算。

1-1-2 地面清污

工程内容 清除地面油污。

单位：$10m^2$

顺序号	项目	单位	代号	人工清除
				1
1	人工	工日	1001001	1.4
2	电	kW·h	3005002	1
3	水	m^3	3005004	4
4	其他材料费	元	7801001	38.8
5	2t 以内载货汽车	台班	8007001	0.1
6	基价	元	9999001	234

1-1-3 边墙清洗

工程内容 人工清洗:载货汽车运水,清洗边墙表面。
机械清洗:洒水汽车运水,清洗边墙表面。

单位:1000m²

顺序号	项目	单位	代号	人工清洗	机械清洗
				1	2
1	人工	工日	1001001	6.4	0.8
2	电	kW·h	3005002	2	0.5
3	水	m^3	3005004	3	4
4	其他材料费	元	7801001	38.8	7.8
5	4t以内载货汽车	台班	8007003	0.2	—
6	8000L以内洒水汽车	台班	8007042	—	0.09
7	小型机具使用费	元	8099001	22.3	9.5
8	基价	元	9999001	845	195

1-1-4 边沟清理

工程内容 倒Ω形沟:清理、疏通排水沟,杂物外运。

盖板排水沟:揭、盖盖板,清理、疏通排水沟,杂物外运。

单位:100m

顺序号	项目	单位	代号	倒Ω形沟	盖板排水沟
				1	2
1	人工	工日	1001001	2.3	7.5
2	电	kW·h	3005002	1	3
3	小型机械使用费	元	8099001	3.6	3.6
4	基价	元	9999001	249	803

1-1-5 清洗标志、标线

工程内容 清洗隧道内标线:涂刷清洗剂、清洗。

清洗隧道内标志:移动平台、梯子,涂刷清洗剂、清洗标志及立柱。

清洗隧道内轮廓标:涂刷清洗剂、清洗。

单位:表列单位

顺序号	项目	单位	代号	清洗隧道内标线	清洗隧道内标志	清洗隧道内轮廓标
				$100m^2$	10 块	100 块
				1	2	3
1	人工	工日	1001001	2.1	0.8	1
2	电	kW·h	3005002	1	1	1
3	水	m^3	3005004	5	0.2	0.5
4	其他材料费	元	7801001	29.1	9.7	1.1
5	基价	元	9999001	267	96	110

注:此定额中隧道内标志指位于隧道侧壁的标志灯具及标志牌等。

※1-1-6 斜井、风道清扫

工程内容 人工清扫:清除尘土、垃圾和杂物,将其外运。

风口清理:清理送(排)风口的网罩,清除堵塞网眼的杂物,将其外运。

单位:表列单位

顺序号	项目	单位	代号	人工清扫		风口清理
				斜井侧壁	斜井地面	
				1000m²		100m²
				1	2	3
1	人工	工日	1001001	4	3	1.2
2	电	kW·h	3005002	3	2	1
3	其他材料费	元	7801001	11.7	6.5	11.7
4	小型机具使用费	元	8099001	—	—	8.9
5	基价	元	9999001	439	327	149

第二节　结构检查

说　　明

1. 本节定额包括经常检查、定期检查等项目。
2. 工程量计算规则:
地质雷达扫描按照扫描的测线长度计量。

1－2－1 经常检查

工程内容 全面检查隧道的洞口、洞门、衬砌、路面、检修道、排水设施等有无破损,进行经常巡查,作检查记录。

单位:1000m·次

顺序号	项目	单位	代号	隧道长度				
				1000m 以内	2000m 以内	3000m 以内	4000m 以内	4000m 以上每增加 1000m
				1	2	3	4	5
1	人工	工日	1001001	0.9	1	1.1	1.2	0.2
2	客货两用车	台班	8007127	0.18	0.22	0.23	0.25	0.15
3	基价	元	9999001	148	171	184	201	65

注:隧道长度不足 1000m 时,按照长度 1000m 计;4000m 以上时,按每增加 1000m 与 4000m 以内叠加使用。

※1-2-2 定期检查

工程内容 人工检查:配备必要的检查工具,对隧道结构进行目测及量测检查,填写定期检查记录表,绘制隧道病害展示图,作检查记录,出具检测报告。

地质雷达扫描:对隧道结构进行扫描检查,绘制地质扫描图,出具检测报告。

隧道三维激光扫描检测车检查:对隧道结构进行目测及扫描量测检查,填写定期检查记录表,绘制隧道病害展示图,作检查记录,出具检测报告。

单位:表列单位

顺序号	项目	单位	代号	人工检查	地质雷达扫描	隧道三维激光扫描检测车检查
				100m·次	100m 测线·次	100m·次
				1	2	3
1	人工	工日	1001001	34.2	12	17
2	其他材料费	元	7801001	5	5	50
3	设备摊销费	元	7901001	3.7	2	3.7
4	客货两用车	台班	8007127	1.8	0.25	0.2
5	10m 以内高空作业车	台班	8009046	0.8	0.25	—
6	地质雷达	台班	8025013		0.2	
7	隧道三维激光扫描检测车	台班	8025014	—	—	0.16
8	小型机具使用费	元	8099001	13.4	1.8	—
9	基价	元	9999001	4597	1703	3486

注:1. 隧道长度不足 100m 时,按照长度 100m 计。

2. 该子目按两车道隧道考虑,隧道长度按照单洞长度计算。

第三节 保养维修

说 明

1. 本节定额包括清除洞口边、仰坡浮土及危石，截、排水沟清淤，除雪和除冰，修复洞门墙及边、仰坡护坡，修复洞口截、排水沟，清除洞内危石，衬砌表层起层、剥离处治，更换井盖，清理纵向排水沟及沉砂井，人行道(检修道)侧壁及盖板修复，风道隔板及吊杆保养、风道及风道隔板修复，隧道装饰，更换隧道内标志牌，更换限高门架，恢复标线，更换反光路标及轮廓标等项目。

2. 工程量计算规则：

(1)清除洞口边、仰坡浮土、危石按设计清除体积数量计算工程量。

(2)清除洞内危石等子目，按设计清除体积数量计算工程量，包含洞身及所有附属洞室的数量。定额中已考虑超挖因素，不得将超挖数量计入。

(3)截、排水沟清淤以清理沟槽长度计算工程量。

(4)修补裂缝按裂缝长度计算工程量。

(5)浆砌片石、浆砌块石、浇筑混凝土及修复洞门墙、边、仰坡按设计砌筑(浇筑)的体积计算工程量。

(6)风道吊杆刷漆按吊杆质量计算工程量。

(7)钢筋按设计质量计算工程量。

(8)清除衬砌表层剥离按面积计算工程量。

(9)隧道装饰按装饰面积计算工程量。

1-3-1　清除洞口边、仰坡浮土及危石

工程内容　清除边、仰坡浮土:清除边、仰坡浮土,并将渣体外运。
清除边、仰坡危石:人工清除边、仰坡松动危石,并将渣体外运。

单位:$10m^3$

顺序号	项　目	单位	代号	清除边、仰坡浮土	清除边、仰坡危石
				1	2
1	人工	工日	1001001	1.8	5.2
2	3t 以内自卸汽车	台班	8007011	0.28	0.28
3	小型机具使用费	元	8099001	0.4	0.4
4	基价	元	9999001	327	688

1-3-2 截、排水沟清淤

工程内容 人工清除洞门边、仰坡截、排水沟淤积物,将淤积物外运。

单位:100m

顺序号	项目	单位	代号	截、排水沟清淤
				1
1	人工	工日	1001001	0.9
2	其他材料费	元	7801001	2.9
3	小型机具使用费	元	8099001	3.6
4	基价	元	9999001	102

注:淤积物厚度按5cm以内考虑,淤积物厚度每超过5cm按一个定额单位计算,不足5cm按5cm计算。运距按20m考虑。

1-3-3 除雪和除冰

工程内容 人工清除积雪、积冰,运至洞外边沟外。

单位:表列单位

顺序号	项目	单位	代号	洞门边、仰坡除雪	除冰		
					路面刨冰 5cm	路面刨冰每增减 1cm	隧道拱、墙部除冰
				$10m^3$	$1000m^2$		$10m^3$
				1	2	3	4
1	人工	工日	1001001	5.1	20	4.2	12
2	其他材料费	元	7801001	—	15.5	2.9	—
3	小型机具使用费	元	8099001	2.7	14.2	2.7	2.7
4	基价	元	9999001	545	2155	452	1278

1-3-4 修复洞门墙及边、仰坡护坡

工程内容 修补裂缝:裂缝剔除杂物,清洗,吹干,修补。

浆砌:清除破损部分,准备石料、拌运砂浆,移动脚手架,砌筑、勾缝、养护。

混凝土:搭拆操作脚手架,备料,模板制作、安装、拆除、修理,涂脱模剂、堆放,混凝土浇筑、捣固、养护。

单位:表列单位

顺序号	项目	单位	代号	修补裂缝		浆砌		混凝土	
				涂密封胶	环氧砂浆	片石	块石	片石混凝土	混凝土
				100m		10m³			
				1	2	3	4	5	6
1	人工	工日	1001001	16.9	15.9	11.9	12.1	16.4	18.9
2	M5 水泥砂浆	m³	1501001	—	—	(3.5)	(2.7)	—	—
3	M10 水泥砂浆	m³	1501003	—	—	(0.3)	(0.18)	—	—
4	片 C15-32.5-8	m³	1503002	—	—	—	—	(10.2)	—
5	普 C20-32.5-4	m³	1503032	—	—	—	—	—	(10.2)
6	8~12 号铁丝	kg	2001021	—	—	5.9	5.9	0.3	0.3
7	型钢	t	2003004	—	—	—	—	0.012	0.012
8	钢管	t	2003008	—	—	—	—	0.008	0.008
9	组合钢模板	t	2003026	—	—	—	—	0.026	0.026
10	铁件	kg	2009028	—	—	—	—	15.3	15.3
11	铁钉	kg	2009030	—	—	0.4	0.4	0.2	0.2
12	水	m³	3005004	—	1	7	7	12	12
13	原木	m³	4003001	—	—	0.072	0.072	0.072	0.072

续前页

单位:表列单位

顺序号	项目	单位	代号	修补裂缝		浆砌		混凝土	
				涂密封胶	环氧砂浆	片石	块石	片石混凝土	混凝土
				100m		$10m^3$			
				1	2	3	4	5	6
14	锯材	m^3	4003002	—	—	0.051	0.051	0.082	0.082
15	密封胶	kg	5001767	22.1	—	—	—	—	—
16	环氧树脂	kg	5009009	—	3.1	—	—	—	—
17	中(粗)砂	m^3	5503005	—	0.01	4.14	3.14	4.17	4.9
18	片石(4cm)	m^3	5505005	—	—	11.5	—	2.19	—
19	碎石(4cm)	m^3	5505013	—	—	—	—	7.2	8.47
20	块石	m^3	5505025	—	—	—	10.5	—	—
21	32.5 级水泥	t	5509001	—	—	1.024	0.774	3.157	3.714
22	42.5 级水泥	t	5509002	—	0.01	—	—	—	—
23	其他材料费	元	7801001	16.8	22.6	6.1	6.1	49.9	49.9
24	250L 以内混凝土搅拌机	台班	8005002	—	—	—	—	0.87	1
25	400L 以内灰浆搅拌机	台班	8005010	—	—	0.18	0.15	—	—
26	$1m^3$/min 以内电动空压机	台班	8017041	1.75	5.7	—	—	—	—
27	小型机具使用费	元	8099001	—	34.7	6.7	5.1	7.5	7.5
28	基价	元	9999001	2681	2166	2921	3025	4569	5064

注:涂密封胶定额按裂缝宽度 0.15mm、胶厚 2mm 编制。

1-3-5 修复洞口截、排水沟

工程内容 水泥砂浆及混凝土修补：清理排水设施破损基面，配、拌砂浆（混凝土），混凝土模板制作、安装、拆除、修理，涂脱模剂、堆放，混凝土浇筑、养护。

浆砌片石沟、槽、跌水井：挑选、修整砌筑材料，拌、运砂浆，砌筑、勾缝、养护。

单位：$10m^3$

顺序号	项目	单位	代号	水泥砂浆修补	混凝土修补	浆砌片石边沟、截水沟	浆砌片石急流槽、跌水井
				1	2	3	4
1	人工	工日	1001001	12.7	11.9	9	5.8
2	M5 水泥砂浆	m^3	1501001	—	—	(1.3)	(3.5)
3	M10 水泥砂浆	m^3	1501003	(10.5)	—	(1.3)	(0.23)
4	普 C20-32.5-4	m^3	1503032	—	(10.2)		—
5	组合钢模板	t	2003026	—	0.026	—	—
6	铁件	kg	2009028	—	7.8	—	—
7	水	m^3	3005004	18	12	18	18
8	中(粗)砂	m^3	5503005	11.24	5	4.17	4.17
9	片石	m^3	5505005	—	—	11.5	11.5
10	碎石(4cm)	m^3	5505013	—	8.568	—	—
11	32.5 级水泥	t	5509001	3.266	3.04	1.037	1.037

续前页　　单位：$10m^3$

顺序号	项　目	单位	代号	水泥砂浆修补	混凝土修补	浆砌片石边沟、截水沟	浆砌片石急流槽、跌水井
				1	2	3	4
12	其他材料费	元	7801001	24.5	46.6	2.3	2.3
13	250L 以内混凝土搅拌机	台班	8005002	—	1	—	—
14	400L 以内灰浆搅拌机	台班	8005010	0.63	—	0.23	0.2
15	2t 以内载货汽车	台班	8007001	—	0.2	—	—
16	小型机具使用费	元	8099001	25.8	—	—	—
17	基价	元	9999001	3523	3860	2449	2104

1-3-6 清除洞内危石

工程内容 人工打眼,小爆破,清理、除去剥落的松散表层,渣体外运。

单位:$10m^3$

顺序号	项目	单位	代号	清除洞内危石
				1
1	人工	工日	1001001	5.7
2	钢钎	kg	2009002	0.4
3	电	kW·h	3005002	22
4	煤	t	5005001	0.002
5	硝铵炸药	kg	5005002	3.6
6	导火线	m	5005003	23.4
7	非电毫秒雷管	个	5005008	16
8	其他材料费	元	7801001	3.5
9	3t以内自卸汽车	台班	8007011	0.8
10	基价	元	9999001	1141

1－3－7　衬砌表层起层、剥离处治

工程内容　人工或机械凿除损坏混凝土：凿除混凝土表面、人工补凿个别部位。
人工或机械凿毛混凝土表面：凿毛混凝土表面、人工补凿个别部位。
吹净：清除表面浮尘。

单位：$10m^2$

顺序号	项　目	单位	代号	人工凿除		机械凿除		凿　毛		吹　净	
				凿(清)除表层厚度(cm)							
				1.0以内	每增0.5以内	2.0以内	每增0.5以内	人工	机械	压缩空气	高压射水
				1	2	3	4	5	6	7	8
1	人工	工日	1001001	5	1.3	1.4	0.3	3.5	1	0.2	0.3
2	手持式风动凿岩机	台班	8001102	—	—	1.24	0.25	—	0.64	—	—
3	ϕ50mm 电动单级离心水泵	台班	8013001	—	—	—	—	—	—	—	0.23
4	$1m^3$/min 以内电动空压机	台班	8017041	0.22	—	—	—	—	—	0.13	—
5	$3m^3$/min 以内机动空压机	台班	8017047	—	—	0.58	0.11	—	0.4	—	—
6	小型机具使用费	元	8099001	8.7	2	11.5	2.5	7.7	9.4	5.3	8.9
7	基价	元	9999001	553	140	354	71	380	246	34	50

1－3－8 更换井盖

工程内容 揭下井盖,清理,井盖基础水泥砂浆整平,更换井盖。

单位:10 套

顺序号	项 目	单位	代号	更换井盖
				1
1	人工	工日	1001001	5
2	M25 水泥砂浆	m^3	1501007	(0.28)
3	石油沥青	t	3001001	0.005
4	电	kW·h	3005002	1
5	水	m^3	3005004	1
6	中(粗)砂	m^3	5503005	0.29
7	32.5 级水泥	t	5509001	0.148
8	成品井盖	块	6025678	10
9	基价	元	9999001	5361

注:成品井盖按铸铁井盖考虑,不同井盖可抽换材料。

1-3-9 清理纵向排水沟及沉砂井

工程内容 清理沉砂井:清除积物,将积物外运。
清理检查井:揭、盖井盖,清除积物,将积物外运。
清理纵向排水沟:机械疏通、清理杂物弃于洞外。

单位:表列单位

顺序号	项目	单位	代号	清理沉砂井	清理检查井	清理纵向排水沟
				10个		100m
				1	2	3
1	人工	工日	1001001	0.9	0.2	12.1
2	电	kW·h	3005002	1	1	3
3	2t以内载货汽车	台班	8007001	0.4	0.4	0.9
4	8000L以内洒水汽车	台班	8007042	—	—	0.9
5	$3m^3$/min以内机动空压机	台班	8017047	—	—	1
6	管道疏通机	台班	8025012	—	—	1.8
7	基价	元	9999001	233	159	3317

1-3-10 人行道(检修道)侧壁及盖板修复

工程内容 现浇管沟混凝土:模板制作、安装、拆除、修理、涂脱模剂、堆放;损坏混凝土接头凿毛处理;混凝土配运料,拌和、运输、浇筑、捣固及养护。

预制安装混凝土盖板:模板制作、安装、拆除、修理、涂脱模剂、堆放;混凝土配运料,拌和、运输、浇筑、捣固及养护;预制块安放,砂浆砌筑。

钢筋:钢筋除锈、制作、焊接、绑扎。

单位:表列单位

顺序号	项目	单位	代号	现浇管沟混凝土	预制安装混凝土盖板	钢筋
				10m³		1t
				1	2	3
1	人工	工日	1001001	24.1	41.2	11
2	M10 水泥砂浆	m³	1501003	—	(1.3)	—
3	普 C25-32.5-4	m³	1503033	(10.2)	(10.1)	—
4	HPB300 钢筋	t	2001001	—	—	1.025
5	20~22 号铁丝	kg	2001022	—	—	3.6
6	型钢	t	2003004	0.009	0.004	—
7	组合钢模板	t	2003026	0.057	0.035	—
8	铁件	kg	2009028	28.7	13	—
9	电	kW·h	3005002	10	10	3

续前页　　　　　　　　　　　　　　　　　　　　　　　　　　　　　　单位:表列单位

顺序号	项　　目	单位	代号	现浇管沟混凝土	预制安装混凝土盖板	钢　　筋
				10m³		1t
				1	2	3
10	水	m³	3005004	12	20	—
11	原木	m³	4003001	0.08	0.023	—
12	中(粗)砂	m³	5503005	4.9	6.24	—
13	碎石(4cm)	m³	5505013	8.47	8.38	—
14	32.5 级水泥	t	5509001	3.417	3.788	—
15	其他材料费	元	7801001	38.3	28.5	—
16	250L 以内混凝土搅拌机	台班	8005002	0.38	0.38	—
17	2t 以内载货汽车	台班	8007001	—	0.59	0.2
18	小型机具使用费	元	8099001	10.5	5.8	8.1
19	基价	元	9999001	5462	7447	4682

※1-3-11 风道隔板及吊杆保养

工程内容 刷漆：清除表面锈蚀，砂纸磨，刷防锈漆。

单位：表列单位

顺序号	项目	单位	代号	风道吊杆刷漆两遍	风道隔板刷漆一遍
				1t	$10m^2$
				1	2
1	人工	工日	1001001	3.7	0.6
2	电	kW·h	3005002	2	1
3	防锈漆	kg	5009030	6.5	1.8
4	其他材料费	元	7801001	3.6	0.3
5	基价	元	9999001	469	84

※1-3-12 风道及风道隔板修复

工程内容 基面清理,冲洗;模板制作、安装、拆除、修理、涂脱模剂、堆放;混凝土配运料,拌和、运输、浇筑、捣固及养护。

单位:1m^3

顺序号	项目	单位	代号	现浇混凝土
				1
1	人工	工日	1001001	4.3
2	普 C25-32.5-4	m^3	1503033	(1.02)
3	型钢	t	2003004	0.001
4	组合钢模板	t	2003026	0.006
5	铁件	kg	2009028	3
6	电	kW·h	3005002	2
7	水	m^3	3005004	1
8	原木	m^3	4003001	0.008
9	中(粗)砂	m^3	5503005	0.49
10	碎石(4cm)	m^3	5505013	0.85
11	32.5 级水泥	t	5509001	0.342
12	其他材料费	元	7801001	3.8
13	250L 以内混凝土搅拌机	台班	8005002	0.05
14	小型机具使用费	元	8099001	1.1
15	基价	元	9999001	752

1－3－13 隧道装饰

工程内容 洞身抹灰:施工台架移动,衬砌表面清理,修补,湿润表面,堵眼,砂浆拌和、运输,分层抹灰找平,刷浆,清扫。

镶贴马赛克、瓷砖:施工台架移动,清理修补基层表面,砂浆拌和、运输,打底、抹浆、镶贴、调缝、擦缝、清理、养护。

拱墙喷涂:施工台架移动,清洗壁面,刷胶水,磨砂纸,喷涂饰面料。

单位:100m^2

顺序号	项目	单位	代号	洞身抹灰	镶贴马赛克	镶贴瓷砖	拱墙喷涂
				1	2	3	4
1	人工	工日	1001001	6	51	41	7
2	M5 水泥砂浆	m^3	1501001	(2.3)	—	—	
3	M15 水泥砂浆	m^3	1501005	—	(1.67)	(1.67)	—
4	M40 水泥砂浆	m^3	1501010	—	(0.52)	(0.34)	—
5	8～12 号铁丝	kg	2001021	20	1	1	0.9
6	铁钉	kg	2009030	2	0.1	0.1	0.1
7	电	kW·h	3005002	2	13	10	2
8	水	m^3	3005004	—	2	2	1
9	原木	m^3	4003001	—	0.011	0.011	0.009
10	锯材	m^3	4003002	—	0.01	0.01	0.008

续前页　　　　单位：100m²

顺序号	项　目	单位	代号	洞身抹灰	镶贴马赛克	镶贴瓷砖	拱墙喷涂
				1	2	3	4
11	涂料	kg	5009004	—	—	—	45
12	中(粗)砂	m^3	5503005	3	2.28	2.28	—
13	马赛克	m^2	5507001	—	102	—	—
14	瓷砖	m^2	5507002	—	—	102	—
15	32.5 级水泥	t	5509001	0.5	1.186	1.05	—
16	其他材料费	元	7801001	32	44.1	42.8	20.6
17	2t 以内载货汽车	台班	8007001	0.24	0.38	0.35	—
18	小型机具使用费	元	8099001	15.4	3.2	2.3	10.5
19	基价	元	9999001	1281	10065	9677	1346

1-3-14 更换隧道内标志牌

工程内容 拆除隧道内标志牌:标志牌拆除。

安装隧道内标志牌:测位画线,打眼埋螺栓,支架制作、安装,标志牌安装等。

安装隧道内灯光标志:测位画线,打眼埋螺栓,支架制作、安装,灯光标志安装等。

单位:100 套

顺序号	项目	单位	代号	拆除隧道内标志牌	安装隧道内标志牌	安装隧道内灯光标志
				1	2	3
1	人工	工日	1001001	6	24	21.6
2	膨胀螺栓	套	2009015	—	204	204
3	电	kW·h	3005002	1	2	3
4	标志灯具	盏	6007696	—	—	100
5	隧道内标志牌	块	6007799	—	100	—
6	其他材料费	元	7801001	—	9.7	9.7
7	2t 以内载货汽车	台班	8007001	0.2	0.2	0.2
8	基价	元	9999001	707	21563	33628

1-3-15 更换限高门架

工程内容 拆除限高门架,制作、安装限高门架。

单位:1t

顺序号	项目	单位	代号	更换限高门架
				1
1	人工	工日	1001001	15
2	型钢	t	2003004	0.95
3	钢板	t	2003005	0.075
4	电焊条	kg	2009011	5
5	铁件	kg	2009028	15
6	其他材料费	元	7801001	11.6
7	2t 以内载货汽车	台班	8007001	0.56
8	5t 以内汽车式起重机	台班	8009025	0.38
9	32kV·A 以内交流电弧焊机	台班	8015028	1.11
10	小型机具使用费	元	8099001	4.9
11	基价	元	9999001	5941

1-3-16 恢复标线

工程内容 铲除热熔标线：人工铲除标线，清洗、清理工作面。

恢复路面标线：清扫路面、放样、加热溶化塑型标线涂料、划线等全部工程内容。

单位：100m²

顺序号	项目	单位	代号	铲除热熔标线		机械恢复热熔标线				人工恢复普通标线
						沥青路面		水泥路面		
				普通标线	振动标线	普通标线	振动标线	普通标线	振动标线	
				1	2	3	4	5	6	7
1	人工	工日	1001001	12	18.9	4.3	12.5	4.3	12.5	5.3
2	电	kW·h	3005002	5	7	2	6	2	6	3
3	水	m^3	3005004	5	5	—	—	—	—	—
4	振动标线涂料	kg	5001760				784.9		784.9	
5	标线漆	kg	5009003	—	—	—	—	—	—	49.5
6	底油	kg	5009007	—	—	20.6	20.6	23.7	23.7	—
7	热熔标线涂料	kg	5009008	—	—	533		463.5		—
8	反光玻璃珠	kg	6007003	—	—	33	41.2	33	41.2	—
9	其他材料费	元	7801001	58.3	72.8	98.1	98.1	98.1	98.1	—
10	热熔标线设备	台班	8003070	—	—	0.49	0.96	0.49	0.96	—
11	5.0kW 以内路面划线车	台班	8003072	—	—	0.49	—	0.49	—	—
12	凸起振动划线机	台班	8003075	—	—	—	1.35	—	1.35	—
13	3t 以内载货汽车	台班	8007002	—	—	1.04	1.8	1.04	1.8	—
14	小型机具使用费	元	8099001	17.8	44.5	44.5	44.5	44.5	44.5	29.6
15	基价	元	9999001	1369	2146	4039	10567	3789	10602	1353

1－3－17 更换反光路标及轮廓标

工程内容 拆除、安装反光路标、轮廓标。

单位:100 个

顺序号	项目	单位	代号	更换反光路标	更换轮廓标
				1	2
1	人工	工日	1001001	2.1	2.3
2	反光突起路标	个	6007005	101	—
3	栏式反射器	个	6007007	—	101
4	其他材料费	元	7801001	63.1	63.1
5	客货两用车	台班	8007127	0.1	0.1
6	基价	元	9999001	1352	1373

第四节 病害处治

说 明

1. 本节定额包括隧道衬砌空洞处理、围岩加固注浆、喷射混凝土加固、锚杆及钢筋网加固、拱墙钻孔、凿除混凝土及瓷砖、隧道衬砌、钢支撑制作安装、粘贴钢板加固、粘贴碳纤维布加固、隧道衬砌裂缝封堵、凿槽埋排水管、衬砌表面腐蚀处理等项目。

2. 格栅钢架、型钢钢架均按永久性支护编制，定额中已综合连接钢筋的数量，如作为临时支护使用，应按下表规定的周转次数编制预算；如临时钢支撑周转次数达不到规定的周转次数，可按施工组织设计的工程量编制预算，并按下表规定的回收率计算回收金额。

回收项目	周转次数					计算基数
	50	40	30	20	10	
型钢、钢板、钢筋	—	30%	50%	65%	80%	材料原价

3. 喷射混凝土定额中已综合考虑混凝土的回弹量；钢纤维混凝土中钢纤维掺入量按喷射混凝土质量的3%掺入。当设计采用的钢纤维掺入量与本定额不同或采用其他材料时，可进行抽换。

4. 洞身衬砌项目按现浇混凝土衬砌编制，不分工程部位，即拱部、边墙、仰拱、底板、沟槽、洞室均使用本定额。定额中已综合考虑正常超挖回填因素，当设计采用的混凝土强度等级与定额采用的不符或采用特殊混凝土时，可根据具体情况对混凝土配合比进行抽换。

5. 工程量计算规则：

(1)喷射混凝土工程量按设计厚度乘以喷射混凝土面积计算,喷射面积按设计外轮廓线计算。

(2)砂浆锚杆工程量为锚杆、垫板及螺母的质量之和,中空锚杆工程量按锚杆设计长度计算。

(3)格栅钢架、型钢钢架工程量按钢架的设计质量计算,连接钢筋的数量不得作为工程量计算。

(4)现浇混凝土衬砌中混凝土工程量按设计断面衬砌数量计算,包含洞身及所有附属洞室的衬砌数量;定额中已经综合因正常超挖及预留变形需回填的混凝土数量,不得将上述因素的工程量计入计价工程量中。

(5)钢筋网、钢筋按设计质量计算。

(6)钻孔按设计长度计算。

(7)粘贴钢板及粘贴碳纤维布按设计面积计算。

(8)裂缝封堵工程量按封堵裂缝长度计算。

(9)埋排水管按设计排水管长度计算。

(10)衬砌表面腐蚀处理按设计处理面积计算。

(11)压浆工程量按设计数量计算。

(12)防水板工程量按设计敷设面积计算。

1-4-1 隧道衬砌空洞处理

工程内容 埋设注浆管:钻孔,钢管制作、埋设、封堵管外缝隙。

注水泥浆(水泥砂浆):施工台架移动,浆液制作、压浆、封孔。

注混凝土:施工台架移动,混凝土制作、压混凝土、封孔。

单位:表列单位

顺序号	项目	单位	代号	埋设注浆管	注水泥浆	注水泥砂浆	注 C25 混凝土
				10m	10m³		
				1	2	3	4
1	人工	工日	1001001	2	7.5	7.5	12.4
2	M25 水泥砂浆	m³	1501007	—	—	(10.5)	—
3	普 C25-32.5-4	m³	1503033	—	—	—	(10.5)
4	钢管	t	2003008	0.038	—	—	—
5	ϕ50mm 以内合金钻头	个	2009004	1	—	—	—
6	电	kW·h	3005002	4	2	3	4
7	水	m³	3005004	1	9	7	12
8	砂	m³	5503004	—	—	10.15	—
9	中(粗)砂	m³	5503005	—	—	—	6.65
10	碎石(4cm)	m³	5505013	—	—	—	8.41

续前页　　　　　　　　　　　　　　　　　　　　　　　　　　　　　　单位:表列单位

顺序号	项　　目	单位	代号	埋设注浆管	注水泥浆	注水泥砂浆	注 C25 混凝土
				10m	$10m^3$		
				1	2	3	4
11	32.5 级水泥	t	5509001	0.006	9.1	5.61	4.242
12	其他材料费	元	7801001	2.9	45.4	45.4	45.4
13	风动手持式凿岩机	台班	8001102	1.2	—	—	—
14	250L 以内混凝土搅拌机	台班	8005002	—	—	—	0.93
15	400L 以内灰浆搅拌机	台班	8005010	—	0.5	0.5	—
16	电动灌浆机	台班	8005019	—	1.1	1.1	—
17	$60m^3/h$ 以内混凝土输送泵车	台班	8005039	—	—	—	0.4
18	4t 以内载货汽车	台班	8007003	—	0.4	0.4	—
19	$9m^3/min$ 以内机动空压机	台班	8017049	0.6	—	—	—
20	小型机具使用费	元	8099001	17.8	70.3	70.3	70.3
21	基价	元	9999001	884	4147	3857	4811

1-4-2 围岩加固注浆

工程内容 埋注浆钢管:移动台架,布眼、钻孔、清孔,孔口钢管制作、就位、顶管、封堵管外缝隙。

注浆:移动台架,浆液制作、注浆、检查、封孔。

单位:表列单位

顺序号	项目	单位	代号	埋注浆钢管	注水泥浆	注水泥砂浆	注水泥—水玻璃浆
				10m	10m³		
				1	2	3	4
1	人工	工日	1001001	0.9	14.6	14.6	19.1
2	M20 水泥砂浆	m³	1501006	—	—	(10.5)	—
3	钢管	t	2003008	0.038	—	—	—
4	空心钢钎	kg	2009003	3.8	—	—	—
5	ϕ50mm 以内合金钻头	个	2009004	1	—	—	—
6	电	kW·h	3005002	4	4	6	6
7	水	m³	3005004	1	8	12	6
8	水玻璃	kg	5009011	—	—	—	3107
9	磷酸二氢钠	kg	5009017	—	—	—	73.3

续前页　　　　　　　　　　　　　　　　　　　　　　　　　　　　单位:表列单位

顺序号	项　　目	单位	代号	埋注浆钢管	注水泥浆	注水泥砂浆	注水泥—水玻璃浆
				10m	10m³		
				1	2	3	4
10	砂	m³	5503004	—	—	11.13	—
11	32.5 级水泥	t	5509001	0.006	7.5	4.8	5.430
12	其他材料费	元	7801001	1.9	45.4	45.4	45.4
13	气腿式风动凿岩机	台班	8001103	0.44	—	—	—
14	400L 以内灰浆搅拌机	台班	8005010	—	1.2	1.2	1.2
15	电动灌浆机	台班	8005019	—	1.2	1.2	1.2
16	4t 以内载货汽车	台班	8007003	0.29	0.47	0.47	0.32
17	9m³/min 以内机动空压机	台班	8017049	0.25	—	—	—
18	小型机具使用费	元	8099001	19.5	6.2	6.2	10.7
19	基价	元	9999001	666	4487	4533	10647

1-4-3 喷射混凝土加固

工程内容 移动脚手架，混凝土配运料、拌和、喷射，养护。

单位：$10m^3$

顺序号	项 目	单位	代号	喷射混凝土	喷射钢纤维混凝土
				1	2
1	人工	工日	1001001	22.5	27.5
2	喷 C25-32.5-2	m^3	1503122	(13.2)	(13.2)
3	钢纤维	t	2001020	—	0.464
4	电	kW·h	3005002	43	43
5	水	m^3	3005004	24	24
6	锯材	m^3	4003002	0.01	0.01
7	中(粗)砂	m^3	5503005	7.92	7.92
8	碎石(2cm)	m^3	5505012	7.52	7.52
9	32.5 级水泥	t	5509001	6.191	6.191
10	其他材料费	元	7801001	378.5	378.5
11	250L 以内混凝土搅拌机	台班	8005002	0.65	0.68
12	4~$6m^3/h$ 混凝土喷射机	台班	8005011	1.42	1.53
13	1t 以内机动翻斗车	台班	8007046	0.96	1.01
14	$9m^3/min$ 以内机动空压机	台班	8017049	1.33	1.46
15	小型机具使用费	元	8099001	160.6	160.6
16	基价	元	9999001	8037	11092

1-4-4 锚杆及钢筋网加固

工程内容 钢筋网:移动脚手架,钢筋网制作、挂网、绑扎、电焊。
锚杆:移动脚手架,钻孔,锚杆制作,安装,拌、运砂浆,灌注,清理岩面。

单位:表列单位

顺序号	项目	单位	代号	钢筋网	砂浆锚杆	药卷锚杆	中空注浆锚杆
				1t			100m
				1	2	3	4
1	人工	工日	1001001	20.1	46.9	28.4	12.8
2	1:1水泥砂浆	m^3	1501012	—	(0.34)		(0.24)
3	HPB300 钢筋	t	2001001	1.025		—	—
4	HRB400 钢筋	t	2001002	—	1.025	1.025	—
5	8~12 号铁丝	kg	2001021	—	1.8	1.8	0.9
6	20~22 号铁丝	kg	2001022	0.9		—	—
7	空心钢钎	kg	2009003	—	13.9	13.9	5.1
8	ϕ50mm 以内合金钻头	个	2009004	—	9.4	9.4	3
9	中空注浆锚杆	m	2009008	—		—	101
10	电焊条	kg	2009011	6.3		—	—
11	铁钉	kg	2009030	—	0.1	0.1	0.1
12	电	kW·h	3005002	32	64	64	21

续前页　　　　　　　　　　　　　　　　　　　　　　　　　　　　单位:表列单位

顺序号	项目	单位	代号	钢筋网	砂浆锚杆	药卷锚杆	中空注浆锚杆
				1t			100m
				1	2	3	4
13	水	m^3	3005004	—	13	4	5
14	原木	m^3	4003001	—	0.01	0.01	0.01
15	锯材	m^3	4003002	—	0.02	0.02	0.01
16	锚固剂	t	5003006			0.41	
17	中(粗)砂	m^3	5503005	—	0.24	—	0.16
18	32.5 级水泥	t	5509001	—	0.347	—	0.187
19	其他材料费	元	7801001	—	9	9	2.1
20	气腿式风动凿岩机	台班	8001103	—	9.91	9.62	3.41
21	2t 以内载货汽车	台班	8007001	—	0.46	0.46	0.2
22	32kV · A 以内交流电弧焊机	台班	8015028	2.02	—	—	—
23	$9m^3/min$ 以内机动空压机	台班	8017049	—	5.32	5.32	1.81
24	小型机具使用费	元	8099001	22.8	96.1	89.4	36.1
25	基价	元	9999001	6015	13252	11822	5430

1-4-5 拱墙钻孔

工程内容 移动台架,定位,钻孔,清理现场。

单位:10m

顺序号	项目	单位	代号	φ50mm 以内钻孔	φ100mm 以内钻孔	φ120mm 以内钻孔
				1	2	3
1	人工	工日	1001001	2	7	8.8
2	空心钢钎	kg	2009003	0.4	0.9	1.1
3	φ50mm 以内合金钻头	个	2009004	0.2	—	—
4	φ150mm 以内合金钻头	个	2009005	—	0.5	0.6
5	电	kW·h	3005002	22	22	22
6	水	m^3	3005004	1	2	2
7	其他材料费	元	7801001	2.3	3.9	3.9
8	气腿式风动凿岩机	台班	8001102	0.48	—	—
9	φ38~115mm 潜孔钻机	台班	8001112	—	0.9	0.98
10	1t 以内机动翻斗车	台班	8007046	0.03	0.05	0.05
11	$20m^3$/min 以内电动空压机	台班	8017045	0.13	0.9	0.98
12	小型机具使用费	元	8099001	2.3	21.4	22.3
13	基价	元	9999001	353	1987	2290

注:本定额子目钻孔深度按孔深 3m 以内考虑。

1-4-6 凿除混凝土及瓷砖

工程内容 移动台架,凿除混凝土及瓷砖,人工补凿个别部位,吹净。

单位:表列单位

顺序号	项目	单位	代号	混凝土凿槽、洞	混凝土整体凿除	凿除瓷砖
				10m³		10m²
				1	2	3
1	人工	工日	1001001	30	22	2
2	钢钎	kg	2009002	8	7.2	0.3
3	电	kW·h	3005002	5	4	1
4	其他材料费	元	7801001	17.5	14.6	1.9
5	电动凿岩机	台班	8001105	25	21	2
6	风动锻钎机	台班	8001128	2.1	1.8	0.05
7	$3m^3$/min 以内机动空压机	台班	8017047	2.5	2.85	0.2
8	小型机具使用费	元	8099001	17.8	17.8	1.8
9	基价	元	9999001	5245	4303	347

注:凿除钢筋混凝土定额人工增加 3 个工日。

1－4－7 隧道衬砌

工程内容 混凝土:脚手架移动;拱架及模板安装、拆除、修理、涂脱模剂,堆放;清理岩面、基底;混凝土浇筑、捣固及养护。
钢筋:钢筋除锈、运输、绑扎制作、焊接。
塑料板防水层:防水板运输,下料,拼接就位,钻孔,钉锚固钉,焊接、检查。

单位:表列单位

顺序号	项目	单位	代号	模筑混凝土(模架)	仰拱混凝土	回填混凝土	钢筋	塑料板防水层
				10m³			1t	100m²
				1	2	3	4	5
1	人工	工日	1001001	13.8	2.6	3.5	11.3	4.1
2	普 C15－32.5－4	m³	1503031	—	—	(10.4)	—	—
3	泵 C25－32.5－4	m³	1503083	(11.7)	(10.4)	—	—	—
4	HRB400 钢筋	t	2001002	—	—	—	1.025	—
5	8～12 号铁丝	kg	2001021	1.8	—	—	—	—
6	20～22 号铁丝	kg	2001022	—	—	—	3.1	—
7	型钢	t	2003004	0.008	—	—	—	—
8	钢板	t	2003005	0.028	—	—	—	—
9	电焊条	kg	2009011	—	—	—	4.3	—
10	铁件	kg	2009028	8	—	—	—	—

续前页　　　　单位:表列单位

顺序号	项　目	单位	代号	模筑混凝土(模架)	仰拱混凝土	回填混凝土	钢筋	塑料板防水层
				10m³			1t	100m²
				1	2	3	4	5
11	铁钉	kg	2009030	0.1	—	—	—	—
12	电	kW·h	3005002	15	8	8	8	5
13	水	m³	3005004	12	11	11	—	—
14	原木	m³	4003001	0.01	—	—	—	—
15	锯材	m³	4003002	0.02	0.01	—	—	—
16	塑料防水板	m²	5001010	—	—	—	—	113
17	中(粗)砂	m³	5503005	7.06	6.27	6.38	—	—
18	碎石(4cm)	m³	5505013	8.54	7.59	8.01	—	—
19	32.5 级水泥	t	5509001	4.439	3.946	3.203	—	—
20	其他材料费	元	7801001	7.2	3.4	3.4	—	226.4
21	60m³/h 以内混凝土输送泵	台班	8005051	0.16	0.13	0.13	—	—
22	2t 以内载货汽车	台班	8007001	0.04	—	—	0.04	—
23	32kV·A 以内交流电弧焊机	台班	8015028	—	—	—	0.95	—
24	小型机具使用费	元	8099001	4.5	3.9	3.9	30.3	35.4
25	基价	元	9999001	4675	2917	2815	4795	2440

注:本定额项目中混凝土未考虑拌和,拌和另外套用定额计算。

1－4－8　钢支撑制作安装

工程内容　工作平台移动，钢架制作、安装。

单位：1t

顺序号	项　　目	单位	代号	型钢钢架	钢筋格栅
				1	2
1	人工	工日	1001001	10.5	11.8
2	HPB300 钢筋	t	2001001	—	0.072
3	HRB400 钢筋	t	2001002	0.048	0.953
4	型钢	t	2003004	0.96	0.061
5	钢板	t	2003005	0.1	0.054
6	电焊条	kg	2009011	9	25
7	铁件	kg	2009028	4	6
8	电	kW·h	3005002	4	6
9	其他材料费	元	7801001	15.2	92.2
10	4t 以内载货汽车	台班	8007003	0.58	0.58
11	32kV·A 以内交流电弧焊机	台班	8015028	0.86	3.71
12	小型机具使用费	元	8099001	4.9	18.2
13	基价	元	9999001	5515	6237

1－4－9　粘贴钢板加固

工程内容　移动台架，放样画线；混凝土粘贴面凿刮、整平、打磨、缺陷修补、吹尘、清洗、干燥；钢筋定位探测、钻孔、清孔、注植筋胶、植筋；钢板切割、钻孔、打磨、清污；钢板挂装，紧固螺栓；密封胶封边；配制灌注胶；灌注黏结胶；饱满性检测、清污、除锈、防腐涂装。

单位：$1m^2$

顺序号	项　目	单位	代号	粘贴钢板	
				拱墙	连拱中墙
				1	2
1	人工	工日	1001001	2.2	3.7
2	钢丝绳	t	2001019	0.001	0.002
3	镀锌钢板	t	2003012	0.049	0.097
4	ϕ50mm 以内合金钻头	个	2009004	0.2	1.2
5	镀锌膨胀螺栓	套	2009016	10	8
6	对拉螺栓	套	2009244	—	2.7
7	电	kW·h	3005002	2	5
8	灌注式黏结胶	kg	5001053	6.2	6.2
9	密封胶	kg	5001767	1.58	1.58
10	植筋胶	kg	5001839	2	5
11	其他材料费	元	7801001	7.6	7.6

续前页

单位:$1m^2$

顺序号	项目	单位	代号	粘贴钢板	
				拱墙	连拱中墙
				1	2
12	起重1t以内少先吊	台班	8009078	0.09	0.09
13	32kV·A以内交流电弧焊机	台班	8015028	0.18	0.18
14	3kW以内手持电钻	台班	8015122	0.35	0.35
15	3kW磨石机	台班	8015126	0.46	0.46
16	25mm以内台式钻床	台班	8015197	0.13	0.13
17	$3m^3$/min以内机动空压机	台班	8017047	0.18	0.18
18	小型机具使用费	元	8099001	85.7	94.3
19	基价	元	9999001	1264	2211

注:1.本定额仅包括粘贴钢板前对混凝土粘贴面进行的非病害性的一般处理。粘贴前需进行病害性处理的,另按有关定额计算。

2.钢板厚度不同时可调整钢板消耗量。膨胀螺栓固定钢板厚度为0.6cm,对拉螺栓固定钢板厚度为1.2cm。

3.设计螺栓数量不同时,可调整螺栓消耗量。

1－4－10 粘贴碳纤维布加固

工程内容 第一层:放样画线,混凝土粘贴面处理,底胶制作、涂刷,黏结胶制作、涂刷,碳纤维片材下料、粘贴,检查、补涂、养护、表面涂装。

每增加一层:放样画线,黏结胶制作涂刷,碳纤维片材下料、粘贴, 检查、补涂、养护、表面涂装。

单位:$10m^2$

顺序号	项　目	单位	代号	粘贴碳纤维布	
				第一层	每增加一层
				1	2
1	人工	工日	1001001	13.6	6
2	电	kW·h	3005002	3	1
3	碳纤维板黏结胶	kg	5001061	9.21	3.6
4	底胶	kg	5001446	2.98	0.41
5	找平胶	kg	5001447	9.75	—
6	环氧树脂	kg	5009009	3	—
7	碳纤维布	m^2	5009433	10.6	10.6
8	涂饰胶液	kg	5009441	1.33	0.3
9	42.5 级水泥	t	5509002	0.002	—
10	其他材料费	元	7801001	99.6	29.1
11	小型机具使用费	元	8099001	107.4	36.5
12	基价	元	9999001	4497	2545

注:1. 本定额仅包括粘贴碳纤维片材前对混凝土粘贴面进行的非病害性的一般处理。粘贴前需进行病害性处理的,另按有关定额计算。

2. 碳纤维片材不考虑纵横向搭接。若实际存在搭接,应调整定额中碳纤维片材及浸渍树脂定额消耗量,其中每平方米碳纤维片材增加 $0.1m^2$、碳纤维板黏结胶增加 0.877kg。

1-4-11 隧道衬砌裂缝封堵

工程内容 灌浆封闭:注浆器注胶,密封胶封缝,压气(水)检查,注浆器灌注胶,养护;空气压力灌注,环氧胶泥封缝,压气(水)检查,空气压灌,养护。

封涂封闭:裂缝凿V形槽,缝口处理、环氧胶液配置、涂刷,环氧砂浆制作、涂刷及养护;裂缝凿毛、处理,成品密封胶涂刷及养护。

单位:100m

顺序号	项目	单位	代号	灌浆封闭		封涂封闭	
				注浆器注入灌注胶	空气压力灌注环氧树脂	环氧砂浆	密封胶
				0.2mm≤δ≤0.5mm		V形槽	δ≤0.2mm
				1	2	3	4
1	人工	工日	1001001	36	41	20	21
2	电	kW·h	3005002	5	5	5	5
3	灌缝胶	kg	5001439	34.68	—	—	—
4	注胶器	个	5001490	80	—	—	—
5	注胶座	个	5001491	420	—	—	—
6	密封胶	kg	5001767	11.8	—	—	22.1
7	环氧树脂	kg	5009009	—	54.38	3.14	—
8	中(粗)砂	m^3	5503005	—	—	0.01	—
9	42.5级水泥	t	5509002	—	0.01	0.01	—

续前页 单位:100m

顺序号	项目	单位	代号	灌浆封闭		封涂封闭	
				注浆器注入灌注胶	空气压力灌注环氧树脂	环氧砂浆	密封胶
				0.2mm≤δ≤0.5mm		V形槽	δ≤0.2mm
				1	2	3	4
10	其他材料费	元	7801001	63.1	186.4	41.1	16.8
11	3t以内载货汽车	台班	8007002	3.73	3.52	1.62	1.56
12	$1m^3$/min以内电动空压机	台班	8017041	3.23	2.08	5.56	2.01
13	$3m^3$/min以内机动空压机	台班	8017047	—	9.78	—	—
14	3kW以内手持电钻	台班	8015122	13	11.5	—	—
15	小型机具使用费	元	8099001	40.1	40.1	34.7	31.8
16	基价	元	9999001	10771	11089	3263	3793

注:1. 环氧砂浆封涂定额,V形槽按槽口宽10~20mm、槽深5mm计算;专用密封胶定额,按涂抹厚2mm、宽度5cm计算。实际不同时,可调整。

2. 空气压力灌注环氧树脂及采用环氧胶泥封缝堵漏,采用水泥砂浆、环氧砂浆或麻面条等材料时,环氧胶泥换成实际使用的材料,但是人工、机械消耗保持不变。

3. 灌浆裂缝宽分别按压注环氧树脂δ=0.5mm、注入灌注胶δ=0.5mm计算,深均按10cm计算。实际不同时,可调整。

1-4-12 凿槽埋排水管

工程内容 移动台架,凿槽、清洗、埋管、拌砂浆、封闭、表面处理。

单位:10m

顺序号	项目	单位	代号	凿槽埋排水管
				1
1	人工	工日	1001001	8.6
2	电	kW·h	3005002	2
3	水	m^3	3005004	0.14
4	PVC 塑料管(ϕ100mm)	m	5001014	11
5	塑料弹簧软管(ϕ50mm)	m	5001018	11
6	高效防水剂	kg	5003495	2.3
7	瞬间堵漏剂	kg	5003496	14.1
8	遇水膨胀剂	kg	5003497	13.5
9	砂	m^3	5503004	0.1
10	32.5 级水泥	t	5509001	0.2
11	其他材料费	元	7801001	72.8
12	电动凿岩机	台班	8001105	5.2
13	风动锻钎机	台班	8001128	0.5
14	$1m^3$/min 以内电动空压机	台班	8017041	0.4
15	小型机具使用费	元	8099001	6.7
16	基价	元	9999001	2122

注:当为钢筋混凝土壁时,人工增加 2 个工日。采用不同材料时,可抽换。

1-4-13 衬砌表面腐蚀处理

工程内容 移动脚手架,清除剥落、松散表面,砂浆配制、运料,拌和、运输、喷射,初期养护。

单位:100m^2

顺序号	项目	单位	代号	水泥砂浆保护层(4cm)	水泥砂浆保护层每增减1cm	水泥混凝土保护层(6cm)	水泥混凝土保护层每增减1cm
				1	2	3	4
1	人工	工日	1001001	21.2	4.3	34.2	5.2
2	M20 水泥砂浆	m^3	1501006	(6)	(1.5)	—	—
3	普 C35-32.5-2	m^3	1503011	—	—	(9)	(1.5)
4	8~12 号铁丝	kg	2001021	0.3	0.1	0.3	0.1
5	钢管	t	2003008	0.009	0.002	0.009	0.001
6	铁钉	kg	2009030	0.3	0.1	0.3	0.1
7	电	kW·h	3005002	17	4	25	4
8	水	m^3	3005004	18	4	14	2
9	锯材	m^3	4003002	0.03	0.008	0.03	0.005
10	中(粗)砂	m^3	5503005	6.18	1.54	4.05	0.68
11	碎石(2cm)	m^3	5505012	—	—	7.02	1.17
12	32.5 级水泥	t	5509001	2.814	0.703	4.05	0.675
13	其他材料费	元	7801001	194.2	43.7	258.3	42.7

续前页

单位：$100m^2$

顺序号	项　目	单位	代号	水泥砂浆保护层(4cm)	水泥砂浆保护层每增减1cm	水泥混凝土保护层(6cm)	水泥混凝土保护层每增减1cm
				1	2	3	4
14	350L以内混凝土搅拌机	台班	8005003	—	—	0.83	0.14
15	200L以内灰浆搅拌机	台班	8005009	0.82	0.21	—	—
16	4～$6m^3/h$混凝土喷射机	台班	8005011	1.3	0.37	1.55	0.26
17	1t以内机动翻斗车	台班	8007046	1.65	0.41	3.21	0.53
18	ϕ100mm以内电动单级离心清水泵	台班	8013002	1.43	—	2.15	0.53
19	$9m^3/min$以内机动空压机	台班	8017049	1.35	0.31	1.9	0.35
20	小型机具使用费	元	8099001	44.5	8.5	44.5	7.1
21	基价	元	9999001	5973	1351	9151	1503

第五节 施工台架

说 明

1. 本节定额包括隧道施工台架等项目。

2. 钢管脚手架按脚手架钢管用扣件连接考虑。移动台架按采用型钢焊接连接考虑,其底部安装移动轮。

3. 施工台架均考虑采用钢材制作,考虑了钢材的回收利用。

4. 施工台架上安装的警示标志(如警灯、彩条灯带)等,按其他材料费计入定额内。

5. 工程量计算规则:

(1)施工台架工程量按脚手架或台架外轮廓水平投影面积计算。

(2)移动台架(分层)按高度每 2m 为一层计算面积,高度不足 2m 按一层计算面积。

1-5-1 施工台架

工程内容 钢管脚手架:清理场地,搭、拆钢管脚手架,放垫木、脚手板。
移动台架:清理场地,搭、拆移动台架,放垫木、脚手板。

单位:$10m^2$

顺序号	项目	单位	代号	钢管脚手架	移动台架
				1	2
1	人工	工日	1001001	7.6	11.2
2	型钢	t	2003004	—	0.15
3	电焊条	kg	2009011	—	2
4	钢管脚手及扣件	kg	2009186	30	8
5	锯材	m^3	4003002	0.4	0.4
6	其他材料费	元	7801001	116.5	145.7
7	钢筋切断机	台班	8015002	0.36	0.48
8	32kV·A以内交流电弧焊机	台班	8015028	—	0.2
9	小型机具使用费	元	8099001	8.9	26.7
10	基价	元	9999001	1663	2588

第二章　机电工程

说　　明

1. 本章适用于公路隧道机电设施维护保养工程。

2. 本章主要包括日常巡查、供配电设施、照明设施、通风设施、消防设施、监控与通信设施六节。

3. 本章中隧道机电设施按照养护内容不同分为日常巡查、经常检修和定期检修，具体内容如下：

日常巡查：指在巡视车上或通过步行目测以及其他信息化手段对隧道机电设施外观和运行状态进行的一般巡视检查，并对检查结果及时记录。

经常检修：通过步行目测或者使用简单工具对设施仪表读数、运转状态或损坏情况进行检查，并对检查结果定性判断，对设备进行清洁、维护等。

定期检修：通过检测仪器对机电设施运转状态和性能进行的较全面检查、标定和维护，对关键设备进行的检测、保养工作等。

4. 本章不包括以下内容：系统联调、故障关键器件的购置、设备故障的处理、系统新建、系统扩容等工作。

第一节　日常巡查

说　　明

1. 本节中日常巡查的详细内容参见现行《公路隧道养护技术规范》(JTG H12)的相关规定。
2. 日常巡查的基价单位为1km·次,即巡检一次、每公里的基价。

2-1-1 日常巡查

工程内容 检查设备外观是否完好，有无锈蚀、破损；检查设备工作运行状态是否正常；检查设备的工作运行环境是否符合要求，是否存在安全隐患，并进行记录。

单位：1km·次

顺序号	项目	单位	代号	日常巡查（隧道单洞长度 L）			
				$L\leqslant 500$m	500m $< L \leqslant$ 1000m	1000m $< L \leqslant$ 3000m	$L > 3000$m
				1	2	3	4
1	人工	工日	1001001	0.107	0.131	0.153	0.19
2	2t 以内载货汽车	台班	8007001	0.06	0.07	0.07	0.08
3	数字多用表	台班	8021027	0.032	0.035	0.038	0.042
4	数字式温湿度测试仪	台班	8021505	0.032	0.035	0.038	0.042
5	工具箱	台班	8021530	0.032	0.035	0.038	0.042
6	强光手电	台班	8025007	0.032	0.035	0.038	0.042
7	基价	元	9999001	33	39	41	49

第二节　供配电设施

说　　明

1. 本节适用于公路隧道机电系统设施设备中与供配电有关设备的维护工作。

2. 本节内容包括隧道变电所、变电站、电力变压器、不间断电源、参数稳压器、柴油发电机组、电源插座箱等供配电相关设备在正常情况下的维护工作。

3. 干式变压器定额仅适用10kV电压等级的设备。

4. 本定额不包括供配电设施在投产前、大修后或者需要时进行的电力设备的预防性试验内容，也不包括隧道防雷接地系统测试和油浸式电力变压器绝缘油的油质测试内容，需要时可另计。

※2-2-1　高压断路器柜

工程内容　断路器触头、真空泡检查；“五防”功能检查；穿墙套管有无破损；排气通道有无堵塞；二次端子有无污染和松动；线圈绝缘检查；分合闸试验，操动机构检查；电气整定值是否满足电力系统要求，保护装置能否与中央信号系统协调配合；防水、防漏、防盗及鼠害、虫害检查；环境温湿度检查。

单位：1个·次

顺序号	项　　目	单位	代号	定期检修
				1
1	人工	工日	1001001	0.25
2	钢丝刷	个	2009501	0.72
3	除锈剂	kg	5003501	1
4	防静电手刷	个	7005501	0.06
5	其他材料费	元	7801001	26.87
6	2t以内载货汽车	台班	8007001	0.07
7	绝缘电阻测试仪	台班	8021504	0.063
8	专用手提式吸尘器	台班	8021511	0.063
9	验电器	台班	8021527	0.063
10	手提式吹风机	台班	8021528	0.063
11	工具箱	台班	8021530	0.063
12	强光照明灯	台班	8025006	0.063
13	基价	元	9999001	99

※2-2-2 高压互感器与避雷器柜

工程内容 经常检修:避雷器有无放电痕迹检查;防水、防漏、防盗及鼠害、虫害检查;环境温湿度检查。

定期检修:高压互感器有无污染、裂痕,绝缘是否良好;避雷器外观有无损伤;接地装置有无腐蚀,接地电阻检测;绝缘测试;避雷器预防性试验(查看相关记录)。

单位:1 个·次

顺序号	项目	单位	代号	经常检修	定期检修
				1	2
1	人工	工日	1001001	0.083	0.25
2	钢丝刷	个	2009501	—	0.8
3	除锈剂	kg	5003501	—	1.2
4	防静电手刷	个	7005501	—	0.06
5	其他材料费	元	7801001	—	28.6
6	2t 以内载货汽车	台班	8007001	0.04	0.06
7	接地电阻检测仪	台班	8021503	—	0.213
8	绝缘电阻测试仪	台班	8021504	—	0.063
9	专用手提式吸尘器	台班	8021511	0.052	0.063
10	验电器	台班	8021527	0.052	0.063
11	手提式吹风机	台班	8021528	0.052	0.063
12	工具箱	台班	8021530	0.042	0.063
13	强光照明灯	台班	8025006	0.052	0.063
14	基价	元	9999001	25	105

※2－2－3 高压计量柜

工程内容 经常检修:计量仪表有无污染,计量是否准确;防水、防漏、防盗及鼠害、虫害检查;环境温湿度检查。

定期检修:仪表检验参照国家相关标准的检验方法执行,并递交当地供电部门进行检验,包括仪表外表有无污染、仪表能否正常显示的检查;绝缘测试。

单位:1 个・次

顺序号	项　　目	单位	代号	经常检修	定期检修
				1	2
1	人工	工日	1001001	0.083	0.188
2	钢丝刷	个	2009501	—	0.8
3	除锈剂	kg	5003501	—	1.2
4	防静电手刷	个	7005501	0.04	0.06
5	其他材料费	元	7801001	2.52	26.79
6	2t 以内载货汽车	台班	8007001	0.04	0.06
7	绝缘电阻测试仪	台班	8021504	—	0.054
8	专用手提式吸尘器	台班	8021511	0.042	0.063
9	验电器	台班	8021527	0.042	0.054
10	手提式吹风机	台班	8021528	0.056	0.063
11	工具箱	台班	8021530	0.042	0.054
12	强光照明灯	台班	8025006	0.056	0.072
13	基价	元	9999001	28	91

※2-2-4　高压隔离开关和负荷开关

工程内容　经常检修:检查触头是否有污染、损伤,接触是否紧密,灭弧装置是否烧损;操作机构有无污染;采用 SF_6 绝缘和灭弧的装置应测试其壳体漏气率是否符合生产厂规定;高压熔断器外观有无污染、烧伤痕迹,熔断丝是否熔断。

定期检修:操作机构有无卡塞,转动是否灵活;负荷开关触头有无烧损,接触是否紧密,动静触点中心是否相对;操作机构是否正常,分/合闸时间是否符合生产厂规定;绝缘测试。

单位:1 个·次

顺序号	项　目	单位	代号	经常检修	定期检修
				1	2
1	人工	工日	1001001	0.125	0.314
2	钢丝刷	个	2009501	—	0.8
3	除锈剂	kg	5003501	—	1.2
4	防静电手刷	个	7005501	0.04	0.06
5	其他材料费	元	7801001	2.59	27.88
6	2t 以内载货汽车	台班	8007001	0.04	0.08
7	绝缘电阻测试仪	台班	8021504	—	0.083
8	专用手提式吸尘器	台班	8021511	0.054	0.083
9	验电器	台班	8021527	0.042	0.083
10	手提式吹风机	台班	8021528	0.054	0.083
11	工具箱	台班	8021530	0.054	0.083
12	强光照明灯	台班	8025006	0.054	0.083
13	基价	元	9999001	32	114

※2-2-5　电力电容器柜

工程内容　经常检修：检查电力电容器有无污染，接头是否松动；漏油、过热、膨胀检查；绝缘是否正常，有无击穿现象；检查接触器有无机械卡塞，噪声是否符合要求；线圈直流电阻是否符合生产厂家要求；触头有无烧损痕迹，闭合是否紧密，动静触头是否相对；能否正常动作；引线接头有无污染、松动；控制器能否正常工作；熔断器有无烧伤痕迹，电熔丝是否完好；仪表外壳有无污染，能否正常显示；防水、防漏、防盗及鼠害、虫害检查；环境温湿度检查。

单位：1个·次

顺序号	项　　目	单位	代号	经常检修
				1
1	人工	工日	1001001	0.25
2	钢丝刷	个	2009501	0.33
3	除锈剂	kg	5003501	0.8
4	防静电手刷	个	7005501	0.04
5	其他材料费	元	7801001	19
6	2t以内载货汽车	台班	8007001	0.05
7	噪声监测仪	台班	8021501	0.042
8	绝缘电阻测试仪	台班	8021504	0.042
9	过程校验仪	台班	8021509	0.042

续前页

单位:1 个·次

顺序号	项　　目	单位	代号	经常检修
				1
10	专用手提式吸尘器	台班	8021511	0.042
11	红外点温仪	台班	8021518	0.042
12	验电器	台班	8021527	0.042
13	手提式吹风机	台班	8021528	0.042
14	工具箱	台班	8021530	0.042
15	强光照明灯	台班	8025006	0.042
16	基价	元	9999001	76

※2-2-6 低压开关柜

工程内容 经常检修:检查断路器外观有无污染、裂痕,触头有无烧伤,接触是否紧密,有无明显的噪声,脱扣器是否正常,绝缘是否良好,整定值能否满足系统保护要求,引线接头有无污染、松动;检查接触器有无机械卡塞,噪声是否符合要求,线圈直流电阻是否符合生产厂家要求,触头有无烧损痕迹,闭合是否紧密,动静触头是否相对,能否正常动作,引线接头有无污染、松动;检查熔断器有无烧伤痕迹,电熔丝是否完好;检查互感器有无污染,绝缘是否良好,外部接线是否断开;热继电器外部检查;二次回路端子排是否污染,接线是否松动;仪表外壳有无污染,能否正常显示;双电源转换开关外部检查;开关柜防水、防漏、防盗及鼠害、虫害检查;环境温湿度检查。

定期检修:热继电器内部和机械部分检查,校验;双电源转换开关内部检查。

单位:1 个 · 次

顺序号	项目	单位	代号	经常检修	定期检修
				1	2
1	人工	工日	1001001	0.25	0.25
2	钢丝刷	个	2009501	—	0.33
3	除锈剂	kg	5003501	—	0.8
4	防静电手刷	个	7005501	0.04	0.04
5	其他材料费	元	7801001	3.73	23.35
6	2t 以内载货汽车	台班	8007001	0.04	0.06
7	噪声监测仪	台班	8021501	0.042	0.062

续前页　　　　单位:1 个·次

顺序号	项　目	单位	代号	经 常 检 修	定 期 检 修
				1	2
8	绝缘电阻测试仪	台班	8021504	0.042	0.062
9	过程校验仪	台班	8021509	—	0.062
10	专用手提式吸尘器	台班	8021511	0.042	0.062
11	红外点温仪	台班	8021518	0.042	0.062
12	验电器	台班	8021527	0.042	0.062
13	手提式吹风机	台班	8021528	0.042	0.062
14	工具箱	台班	8021530	0.042	0.062
15	强光照明灯	台班	8025006	0.042	0.062
16	基价	元	9999001	47	85

2-2-7 不间断电源

工程内容 经常检修:设备外观、工作状态检查及清洁表面;连接端子检查、紧固;电池电压及温度测试;电池绝缘情况,外观检查。
定期检修:接地是否良好;接地电阻检测;电池一次容量恢复试验;自动切换投入功能测试;绝缘测试。

单位:1 台(套)·次

顺序号	项目	单位	代号	经常检修	定期检修
				1	2
1	人工	工日	1001001	0.25	0.625
2	防静电手刷	个	7005501	0.04	0.04
3	其他材料费	元	7801001	3.61	4.5
4	2t 以内载货汽车	台班	8007001	0.04	0.3
5	数字多用表	台班	8021027	0.042	0.314
6	接地电阻检测仪	台班	8021502	—	0.434
7	绝缘电阻测试仪	台班	8021504	—	0.434
8	数字式温湿度测试仪	台班	8021505	0.042	0.314
9	专用手提式吸尘器	台班	8021511	0.042	0.314
10	交直流钳型电流表	台班	8021514	—	0.434
11	红外点温仪	台班	8021518	0.042	0.314
12	蓄电池测量仪	台班	8021526	—	0.314
13	工具箱	台班	8021530	0.042	0.314
14	基价	元	9999001	46	200

2－2－8 参数稳压器

工程内容 经常检修:表面清洁;设备外观及工作状态检查;连接端子检查及紧固;输入、输出电压测量。

定期检修:工作电压检查;参稳负载状况检查;接地情况检查、接地电阻检测;设备绝缘测试。

单位:1台(套)·次

顺序号	项目	单位	代号	经常检修	定期检修
				1	2
1	人工	工日	1001001	0.083	0.314
2	防静电手刷	个	7005501	0.04	0.04
3	其他材料费	元	7801001	2.9	3.61
4	2t以内载货汽车	台班	8007001	0.02	0.04
5	数字多用表	台班	8021027	0.021	0.042
6	接地电阻检测仪	台班	8021502	—	0.042
7	绝缘电阻测试仪	台班	8021504	—	0.042
8	数字式温湿度测试仪	台班	8021505	0.021	0.042
9	专用手提式吸尘器	台班	8021511	0.021	0.042
10	红外点温仪	台班	8021518	0.021	0.042
11	手提式吹风机	台班	8021528	0.021	0.042
12	工具箱	台班	8021530	0.021	0.042
13	强光照明灯	台班	8025006	0.021	0.042
14	基价	元	9999001	20	54

2-2-9 100kW 以下柴油发电机组

工程内容 经常检修:负荷运行试验;发动机及发电机外观、部件及计量表检查;机组启动检查,启动装置外观、油量、计量表检查;接线状况检查;电压输出状况检查,自动切换功能检查,轴承加油;燃料装置外观、油量检查,泵运行状况检查;润滑装置外观及运行状况检查;冷却塔外观、水量、水温及运行状况检查;散热器外观、水量、水温及压力栓检查;空气净化器外观及工作状态检查;减震装置检查;控制台外观、仪表及配线检查,电流、电压测试;简单故障排除。

定期检修:连接可靠性检查;启动装置检查;燃料装置、储油槽排水泵检查;润滑装置检查,除渣、放水;冷却塔浮球阀检查,轴承加油;散热器风扇检查;空气净化器污染清除,排气管及接头更换;配线管及接地线检查,接地电阻检测;对机油、机油滤芯、柴油滤芯、空气滤芯进行检查和更换。

单位:1 台(套)·次

顺序号	项目	单位	代号	经常检修	定期检修
				1	2
1	人工	工日	1001001	0.042	0.188
2	其他材料费	元	7801001	11.12	19.69
3	2t 以内载货汽车	台班	8007001	0.02	0.04
4	数字多用表	台班	8021027	0.042	0.063
5	接地电阻检测仪	台班	8021502	—	0.063
6	数字式温湿度测试仪	台班	8021505	0.042	0.063
7	专用手提式吸尘器	台班	8021511	0.042	0.063

续前页

单位:1 台(套)·次

顺序号	项　　目	单位	代号	经常检修	定期检修
				1	2
8	红外点温仪	台班	8021518	0.042	0.063
9	兆欧表	台班	8021522	0.042	0.042
10	手提式吹风机	台班	8021528	0.042	0.063
11	工具箱	台班	8021530	0.042	0.063
12	强光照明灯	台班	8025006	0.042	0.063
13	基价	元	9999001	25	58

2-2-10 100~300kW 柴油发电机组

工程内容 经常检修:负荷运行试验;发动机及发电机外观、部件及计量表检查;机组启动检查,启动装置外观、油量、计量表检查;接线状况检查;电压输出状况检查,自动切换功能检查,轴承加油;燃料装置外观、油量检查,泵运行状况检查;润滑装置外观及运行状况检查;冷却塔外观、水量、水温及运行状况检查;散热器外观、水量、水温及压力栓检查;空气净化器外观及工作状态检查;减震装置检查;控制台外观、仪表及配线检查,电流、电压测试;简单故障排除。

定期检修:连接可靠性检查;启动装置检查;燃料装置、储油槽排水泵检查;润滑装置检查,除渣、放水;冷却塔浮球阀检查,轴承加油;散热器风扇检查;空气净化器污染清除,排气管及接头更换;配线管及接地线检查,接地电阻检测;对机油、机油滤芯、柴油滤芯、空气滤芯进行检查和更换。

单位:1 台(套)·次

顺序号	项目	单位	代号	经常检修	定期检修
				1	2
1	人工	工日	1001001	0.083	0.214
2	其他材料费	元	7801001	14.1	25.67
3	2t 以内载货汽车	台班	8007001	0.02	0.04
4	数字多用表	台班	8021027	0.042	0.063
5	接地电阻检测仪	台班	8021502	—	0.063
6	数字式温湿度测试仪	台班	8021505	0.042	0.063
7	专用手提式吸尘器	台班	8021511	0.042	0.063

续前页　　　　　　　　　　　　　　　　　　　　　　　　　　　　　　　　单位:1 台(套)·次

顺序号	项　　目	单位	代号	经常检修	定期检修
				1	2
8	红外点温仪	台班	8021518	0.042	0.063
9	兆欧表	台班	8021522	0.042	0.042
10	手提式吹风机	台班	8021528	0.042	0.063
11	工具箱	台班	8021530	0.042	0.063
12	强光照明灯	台班	8025006	0.042	0.063
13	基价	元	9999001	33	67

2-2-11 300~600kW 柴油发电机组

工程内容 经常检修:负荷运行试验;发动机及发电机外观、部件及计量表检查;机组启动检查,启动装置外观、油量、计量表检查;接线状况检查;电压输出状况检查,自动切换功能检查,轴承加油;燃料装置外观、油量检查,泵运行状况检查;润滑装置外观及运行状况检查;冷却塔外观、水量、水温及运行状况检查;散热器外观、水量、水温及压力栓检查;空气净化器外观及工作状态检查;减震装置检查;控制台外观、仪表及配线检查,电流、电压测试;简单故障排除。

定期检修:连接可靠性检查;启动装置检查;燃料装置、储油槽排水泵检查;润滑装置检查,除渣、放水;冷却塔浮球阀检查,轴承加油;散热器风扇检查;空气净化器污染清除,排气管及接头更换;配线管及接地线检查,接地电阻检测;对机油、机油滤芯、柴油滤芯、空气滤芯进行检查和更换。

单位:1 台(套)·次

顺序号	项目	单位	代号	经常检修	定期检修
				1	2
1	人工	工日	1001001	0.119	0.214
2	其他材料费	元	7801001	20.06	38.72
3	2t 以内载货汽车	台班	8007001	0.02	0.04
4	数字多用表	台班	8021027	0.042	0.063
5	接地电阻检测仪	台班	8021502	—	0.063
6	数字式温湿度测试仪	台班	8021505	0.042	0.063
7	专用手提式吸尘器	台班	8021511	0.042	0.063

续前页

单位:1 台(套)·次

顺序号	项　　目	单位	代号	经 常 检 修	定 期 检 修
				1	2
8	红外点温仪	台班	8021518	0.042	0.063
9	兆欧表	台班	8021522	0.042	0.063
10	手提式吹风机	台班	8021528	0.042	0.063
11	工具箱	台班	8021530	0.042	0.063
12	强光照明灯	台班	8025006	0.042	0.063
13	基价	元	9999001	42	80

2-2-12 600kW 以上柴油发电机组

工程内容 经常检修:负荷运行试验;发动机及发电机外观、部件及计量表检查;机组启动检查,启动装置外观、油量、计量表检查;接线状况检查;电压输出状况检查,自动切换功能检查,轴承加油;燃料装置外观、油量检查,泵运行状况检查;润滑装置外观及运行状况检查;冷却塔外观、水量、水温及运行状况检查;散热器外观、水量、水温及压力栓检查;空气净化器外观及工作状态检查;减震装置检查;控制台外观、仪表及配线检查,电流、电压测试;简单故障排除。

定期检修:连接可靠性检查;启动装置检查;燃料装置、储油槽排水泵检查;润滑装置检查,除渣、放水;冷却塔浮球阀检查,轴承加油;散热器风扇检查;空气净化器污染清除,排气管及接头更换;配线管及接地线检查,接地电阻检测;对机油、机油滤芯、柴油滤芯、空气滤芯进行检查和更换。

单位:1 台(套)·次

顺序号	项　目	单位	代号	经常检修	定期检修
				1	2
1	人工	工日	1001001	0.167	0.314
2	其他材料费	元	7801001	26.41	44.69
3	2t 以内载货汽车	台班	8007001	0.04	0.06
4	数字多用表	台班	8021027	0.063	0.083
5	接地电阻检测仪	台班	8021502	—	0.083
6	数字式温湿度测试仪	台班	8021505	0.063	0.083

续前页

单位:1 台(套)·次

顺序号	项目	单位	代号	经常检修	定期检修
				1	2
7	专用手提式吸尘器	台班	8021511	0.063	0.083
8	红外点温仪	台班	8021518	0.063	0.083
9	兆欧表	台班	8021522	0.063	0.083
10	手提式吹风机	台班	8021528	0.063	0.083
11	工具箱	台班	8021530	0.063	0.083
12	强光照明灯	台班	8025006	0.063	0.083
13	基价	元	9999001	62	105

2-2-13 电源插座箱

工程内容 经常检修:箱体外壳接地连接检查;回路供电及运行状况检查;程序控制功能检查;损坏元器件更换;运行环境安全性检查;箱内外清洁。

定期检修:外部及内部清洁;紧固接线端子;工作电压、电流测量;检查接触器、继电器、漏电保护器有无过热;线槽封装完好性检查;箱内安全环境检查。

单位:1 台(套)·次

顺序号	项目	单位	代号	经常检修	定期检修
				1	2
1	人工	工日	1001001	0.021	0.063
2	钢丝刷	个	2009501	0.1	—
3	除锈剂	kg	5003501	0.2	—
4	防静电手刷	个	7005501	0.04	0.04
5	2t 以内载货汽车	台班	8007001	0.01	0.01
6	数字多用表	台班	8021027	0.01	0.042
7	数字式温湿度测试仪	台班	8021505	0.01	0.042
8	交直流钳型电流表	台班	8021514	—	0.042
9	验电器	台班	8021527	0.01	0.042
10	手提式吹风机	台班	8021528	0.01	0.042
11	工具箱	台班	8021530	0.01	0.042
12	强光照明灯	台班	8025006	0.01	0.042
13	基价	元	9999001	9	13

※2-2-14　干式电力变压器(10kV 级 500kV·A 以下)

工程内容　经常检修:接地连接检查;运行状况检查;变压器温升限值检查测试;分接开关检查;异响、过热、振动等异常情况检查。

定期检修:外部清洁;变压器噪声测试;内部线圈直流电阻测试;内部相间、线间及对地绝缘电阻测试;接地电阻检测。

单位:1 台(套)·次

顺序号	项　目	单位	代号	经常检修	定期检修
				1	2
1	人工	工日	1001001	0.146	0.25
2	钢丝刷	个	2009501	—	0.063
3	除锈剂	kg	5003501	—	1
4	2t 以内载货汽车	台班	8007001	0.1	0.06
5	噪声监测仪	台班	8021501	—	0.063
6	接地电阻检测仪	台班	8021502	—	0.063
7	变压器电阻测试仪	台班	8021508	—	0.063
8	红外点温仪	台班	8021518	0.104	0.063
9	兆欧表	台班	8021522	—	0.063
10	验电器	台班	8021527	0.104	0.063
11	手提式吹风机	台班	8021528	0.104	0.063
12	强光照明灯	台班	8025006	0.104	0.063
13	基价	元	9999001	52	61

※2-2-15 干式电力变压器(10kV 级 500kV·A 以上)

工程内容 经常检修:接地连接检查;运行状况检查;变压器温升限值检查测试;分接开关检查;异响、过热、振动等异常情况检查。

定期检修:外部清洁;变压器噪声测试;内部线圈直流电阻测试;内部相间、线间及对地绝缘测试;接地电阻检测。

单位:1 台(套)·次

顺序号	项目	单位	代号	经常检修	定期检修
				1	2
1	人工	工日	1001001	0.188	0.375
2	钢丝刷	个	2009501	—	1
3	除锈剂	kg	5003501	—	1
4	其他材料费	元	7801001	6.61	57.78
5	2t 以内载货汽车	台班	8007001	0.11	0.08
6	数字多用表	台班	8021027	0.125	0.083
7	噪声监测仪	台班	8021501	—	0.083
8	接地电阻检测仪	台班	8021502	—	0.063
9	变压器电阻测试仪	台班	8021508	—	0.063
10	手提式吸尘器	台班	8021510	0.125	0.083

续前页

单位:1 台(套)·次

顺序号	项　目	单位	代号	经常检修	定期检修
				1	2
11	红外点温仪	台班	8021518	—	0.083
12	兆欧表	台班	8021522	—	0.083
13	验电器	台班	8021527	0.125	0.083
14	手提式吹风机	台班	8021528	0.125	0.083
15	强光照明灯	台班	8025006	0.125	0.083
16	基价	元	9999001	69	154

※2－2－16　油浸式电力变压器(35kV 级)

工程内容　经常检修:连接部位渗漏检查;接地连接检查;运行状况检查;变压器油量、油色及油温检查测试;异响、过热、噪声等异常情况检查;分接开关检查。

定期检修:外部清洁;变压器噪声测试;内部线圈直流电阻测试;内部相间、线间及对地绝缘电阻测试;铭牌、绝缘套管、接地端子有无污染、松动及裂痕检查;接地电阻检测。

单位:1 台(套)·次

顺序号	项　目	单位	代号	经常检修	定期检修
				1	2
1	人工	工日	1001001	0.215	0.425
2	钢丝刷	个	2009501	—	1
3	除锈剂	kg	5003501	—	1
4	其他材料费	元	7801001	2.89	62.42
5	2t 以内载货汽车	台班	8007001	0.08	0.08
6	数字多用表	台班	8021027	0.083	0.083
7	噪声监测仪	台班	8021501	—	0.083
8	接地电阻检测仪	台班	8021502	—	0.095
9	变压器电阻测试仪	台班	8021508	—	0.095

续前页　　单位:1 台(套)·次

顺序号	项　目	单位	代号	经 常 检 修	定 期 检 修
				1	2
10	手提式吸尘器	台班	8021510	0.083	0.083
11	红外点温仪	台班	8021518	0.083	0.083
12	兆欧表	台班	8021522	—	0.095
13	验电器	台班	8021527	0.083	0.083
14	手提式吹风机	台班	8021528	0.083	0.083
15	强光照明灯	台班	8025006	0.083	0.083
16	基价	元	9999001	56	165

※2－2－17　阀控式免维护铅酸式蓄电池

工程内容　经常检修:设备外观、工作状态检查及清洁表面;紧固连接端子检查;电池极柱及外壳温度检查;接地连接检查;蓄电池电压和电容测试;蓄电池充放电维护;蓄电池供电电流测试;蓄电池极柱和盖附近糊状物清理。

定期检修:蓄电池放电电流测试;蓄电池放电时率测试;蓄电池电解液检查;接地电阻检测;绝缘测试。

单位:1 组(套)・次

顺序号	项　目	单位	代号	经常检修	定期检修
				1	2
1	人工	工日	1001001	0.021	0.063
2	防静电手刷	个	7005501	0.04	0.04
3	其他材料费	元	7801001	2.94	3.65
4	2t 以内载货汽车	台班	8007001	0.02	0.05
5	数字多用表	台班	8021027	0.021	0.042
6	接地电阻检测仪	台班	8021502	—	0.042
7	绝缘电阻测试仪	台班	8021504	—	0.042
8	手提式吸尘器	台班	8021510	0.021	—
9	交直流钳型电流表	台班	8021514	—	0.042
10	蓄电池测量仪	台班	8021526	—	0.063
11	验电器	台班	8021527	—	0.042
12	工具箱	台班	8021530	0.021	0.042
13	基价	元	9999001	13	30

※2-2-18 电力监控系统

工程内容 经常检修:检查机柜;监控模块检查。

定期检修:整流模块检查;配电单元检查;绝缘测试;接地电阻检测。

单位:1 组(套)·次

顺序号	项目	单位	代号	经常检修	定期检修
				1	2
1	人工	工日	1001001	0.75	0.75
2	双绞线	m	7001013	0.3	0.3
3	防静电手刷	个	7005501	0.043	0.043
4	其他材料费	元	7801001	1.94	1.94
5	2t 以内载货汽车	台班	8007001	0.1	0.12
6	数字多用表	台班	8021027	—	0.094
7	接地电阻检测仪	台班	8021502	—	0.094
8	绝缘电阻测试仪	台班	8021504	—	0.094
9	交直流钳型电流表	台班	8021514	—	0.13
10	验电器	台班	8021527	0.094	0.094
11	工具箱	台班	8021530	0.23	0.36
12	基价	元	9999001	119	132

※2-2-19 电力监控系统软件

工程内容 经常检修:用户数据库和管理层数据库备份;日志备份检查;软件性能检查。

定期检修:数据库软件更新检查;碎片整理,数据库完整性检查;错误日志查看,更新统计信息;软件调试。

单位:1组(套)·次

顺序号	项目	单位	代号	经常检修	定期检修
				1	2
1	人工	工日	1001001	0.12	0.25
2	防静电手刷	个	7005501	0.043	0.043
3	其他材料费	元	7801001	0.01	0.01
4	2t以内载货汽车	台班	8007001	0.05	0.05
5	微机硬盘测试仪	台班	8021003	0.12	0.25
6	便携式计算机	台班	8021026	0.12	0.25
7	红外点温仪	台班	8021518	0.12	0.25
8	工具箱	台班	8021530	0.042	0.085
9	基价	元	9999001	48	80

2-2-20 跌落式开关

工程内容 经常检修:电流互感器检查;电压互感器检查;接地开关检查;绝缘及接地情况检查。
定期检修:避雷器检查;隔离开关检查;高压断路器检查;高压接触器检查,接地电阻检测;绝缘测试。

单位:1台(套)·次

顺序号	项目	单位	代号	经常检修	定期检修
				1	2
1	人工	工日	1001001	0.43	0.86
2	双绞线	m	7001013	0.3	0.3
3	防静电手刷	个	7005501	0.043	0.043
4	其他材料费	元	7801001	1.94	1.94
5	2t以内载货汽车	台班	8007001	0.1	0.1
6	数字多用表	台班	8021027	0.21	0.43
7	接地电阻检测仪	台班	8021502	0.083	0.175
8	绝缘电阻测试仪	台班	8021504	0.083	0.175
9	交直流钳型电流表	台班	8021514	0.21	0.43
10	验电器	台班	8021527	0.21	0.43
11	工具箱	台班	8021530	0.21	0.43
12	基价	元	9999001	91	146

2-2-21 接地装置

工程内容 经常检修:接地线有无明显的脱漆、脱焊现象检查;引下线锈蚀、除锈检查;导电接触部件检查。
定期检修:接地引线和接地装置检查;接地电阻检测。

单位:1台(套)·次

顺序号	项目	单位	代号	经常检修	定期检修
				1	2
1	人工	工日	1001001	0.021	0.042
2	钢丝刷	个	2009501	0.02	—
3	防静电手刷	个	7005501	0.15	0.3
4	其他材料费	元	7801001	5.77	4.39
5	2t以内载货汽车	台班	8007001	0.02	0.02
6	接地电阻检测仪	台班	8021502	0.021	0.042
7	工具箱	台班	8021530	0.021	0.042
8	基价	元	9999001	16	17

第三节 照明设施

说 明

1. 本节适用于公路隧道机电系统设施设备中与照明功能有关设备的维护工作。
2. 本节内容包括隧道照明灯具、洞外路灯、亮度及照度检测器等照明相关设备在正常情况下的维护工作。

2-3-1 高压钠灯

工程内容 经常检修：功能检查；照明监控软件控制检查；配电柜、抽屉柜、开关装置检查；本地配电箱回路检查；线路托架及绝缘情况检查；简单故障排除；供电电压检查，灯的亮度正常与否目测检查。

定期检修：灯具清洁；补偿电容器、镇流器及接触器检查；绝缘测试；安装部位牢固性及腐蚀情况检查；灯具密封性检查；照度测试（1次/半年）。

单位：100盏·次

顺序号	项目	单位	代号	经常检修	定期检修
				1	2
1	人工	工日	1001001	0.2	0.45
2	电	kW·h	3005002	24	33
3	防静电手刷	个	7005501	0.04	0.04
4	金属钠灯泡（金属卤化物灯泡）	个	7509501	—	0.75
5	镇流器	个	7509502	—	0.5
6	其他材料费	元	7801001	2.53	2.53
7	2t以内载货汽车	台班	8007001	0.06	0.08
8	20m以内高空作业车	台班	8009048	0.063	0.084
9	数字多用表	台班	8021027	0.042	0.063

续前页

单位:100 盏·次

顺序号	项　　目	单位	代号	经常检修	定期检修
				1	2
10	绝缘电阻测试仪	台班	8021504	—	0.063
11	手提式吸尘器	台班	8021510	0.042	0.063
12	交直流钳型电流表	台班	8021514	—	0.063
13	亮度检测仪	台班	8021520	—	0.063
14	照度计	台班	8021524	—	0.084
15	验电器	台班	8021527	—	0.063
16	手提式吹风机	台班	8021528	0.042	0.063
17	工具箱	台班	8021530	0.042	0.063
18	强光照明灯	台班	8025006	0.042	0.063
19	卷线轴	台班	8025009	0.042	0.063
20	基价	元	9999001	129	335

2-3-2 隧道无极放电荧光灯

工程内容 经常检修:功能检查;照明监控软件控制检查;配电柜、抽屉柜、开关装置检查;本地配电箱回路检查;线路托架及绝缘情况检查;简单故障排除;供电电压检查,灯的亮度正常与否目测检查。

定期检修:灯具清洁;触发器、镇流器及接触器检查;绝缘测试;安装部位牢固性及腐蚀情况检查;灯具密封性检查;照度测试(1次/半年)。

单位:100盏·次

顺序号	项目	单位	代号	经常检修	定期检修
				1	2
1	人工	工日	1001001	0.1	0.3
2	电	kW·h	3005002	24	37
3	防静电手刷	个	7005501	0.04	0.04
4	金属钠灯泡(金属卤化物灯泡)	个	7509501	—	0.5
5	镇流器	个	7509502	—	0.5
6	启辉器	个	7509503	—	0.5
7	其他材料费	元	7801001	2.53	2.53
8	2t以内载货汽车	台班	8007001	0.04	0.08
9	20m以内高空作业车	台班	8009048	0.063	0.105

续前页　　　　单位:100盏·次

顺序号	项　　目	单位	代号	经常检修	定期检修
				1	2
10	数字多用表	台班	8021027	0.042	0.063
11	绝缘电阻测试仪	台班	8021504	—	0.063
12	手提式吸尘器	台班	8021510	0.042	0.063
13	交直流钳型电流表	台班	8021514	—	0.063
14	亮度检测仪	台班	8021520	—	0.063
15	照度计	台班	8021524	—	0.105
16	验电器	台班	8021527	—	0.063
17	手提式吹风机	台班	8021528	0.042	0.063
18	工具箱	台班	8021530	0.042	0.063
19	强光照明灯	台班	8025006	0.042	0.063
20	卷线轴	台班	8025009	0.042	0.063
21	基价	元	9999001	112	328

2-3-3 LED 隧道灯

工程内容 经常检修:功能检查;照明监控软件控制检查;配电柜、抽屉柜、开关装置检查;本地配电箱回路检查;线路托架及绝缘情况检查;简单故障排除;供电电压检查,灯的亮度正常与否目测检查。

定期检修:灯具清洁;镇流器及接触器检查;绝缘测试;安装部位牢固性及腐蚀情况检查;灯具密封性检查;照度测试(1次/半年)。

单位:100盏·次

顺序号	项　目	单位	代号	经常检修	定期检修
				1	2
1	人工	工日	1001001	0.15	0.3
2	电	kW·h	3005002	37	50
3	防静电手刷	个	7005501	0.04	0.04
4	其他材料费	元	7801001	1.13	1.13
5	2t以内载货汽车	台班	8007001	0.1	0.15
6	20m以内高空作业车	台班	8009048	0.095	0.15
7	数字多用表	台班	8021027	0.063	0.083
8	绝缘电阻测试仪	台班	8021504	—	0.083
9	手提式吸尘器	台班	8021510	0.063	0.083

续前页　　　　　　　　　　　　　　　　　　　　　　　　　　　　单位:100 盏·次

顺序号	项　目	单位	代号	经常检修	定期检修
				1	2
10	交直流钳型电流表	台班	8021514	—	0.083
11	亮度检测仪	台班	8021520	—	0.083
12	照度计	台班	8021524	—	0.15
13	验电器	台班	8021527	—	0.083
14	手提式吹风机	台班	8021528	0.063	0.083
15	工具箱	台班	8021530	0.063	0.083
16	强光照明灯	台班	8025006	0.063	0.083
17	卷线轴	台班	8025009	0.063	0.083
18	基价	元	9999001	180	292

2-3-4 隧道荧光灯

工程内容 经常检修:功能检查;照明监控软件控制检查;配电柜、抽屉柜、开关装置检查;本地配电箱回路检查;线路托架及绝缘情况检查;简单故障排除;供电电压检查,灯的亮度正常与否目测检查。

定期检修:灯具清洁、补漆;触发器、镇流器及接触器检查;绝缘情况检查;安装部位牢固性及腐蚀情况检查;灯具密封性检查;照度测试(1次/半年)。

单位:100盏·次

顺序号	项目	单位	代号	经常检修	定期检修
				1	2
1	人工	工日	1001001	0.1	0.25
2	电	kW·h	3005002	37	61
3	防静电手刷	个	7005501	0.04	0.04
4	电子镇流器	个	7005503	—	0.25
5	日光灯管	个	7509506	—	0.25
6	其他材料费	元	7801001	2.53	3.26
7	2t以内载货汽车	台班	8007001	0.07	0.1
8	20m以内高空作业车	台班	8009048	0.07	0.115
9	数字多用表	台班	8021027	0.063	0.083

续前页　　　　单位:100盏·次

顺序号	项　目	单位	代号	经常检修	定期检修
				1	2
10	手提式吸尘器	台班	8021510	0.063	0.083
11	亮度检测仪	台班	8021520	—	0.083
12	验电器	台班	8021527	0.063	0.083
13	手提式吹风机	台班	8021528	0.063	0.083
14	工具箱	台班	8021530	0.002	0.083
15	强光照明灯	台班	8025006	0.063	0.083
16	卷线轴	台班	8025009	—	0.083
17	基价	元	9999001	140	253

2-3-5 洞外路灯

工程内容 经常检修:灯体工作状态及防护等级检查;回路工作状态检查;线路托架及绝缘情况检查;灯杆清洁。

定期检修:灯体清洁维护;灯杆外观检查,损伤处理及接地端子检查;基础检查,螺栓防锈处理;高杆灯升降盘检查;照度测试。

单位:10 盏·次

顺序号	项目	单位	代号	经常检修	定期检修
				1	2
1	人工	工日	1001001	0.083	0.25
2	钢丝刷	个	2009501	0.01	0.021
3	电	kW·h	3005002	5	17
4	除锈剂	kg	5003501	0.01	0.021
5	防静电手刷	个	7005501	0.004	0.004
6	金属钠灯泡(金属卤化物灯泡)	个	7509501	—	0.02
7	镇流器	个	7509502	0.01	0.02
8	启辉器	个	7509503	—	0.02
9	其他材料费	元	7801001	13.55	18.79

续前页

单位:10 盏·次

顺序号	项　目	单位	代号	经常检修	定期检修
				1	2
10	2t 以内载货汽车	台班	8007001	0.02	0.03
11	20m 以内高空作业车	台班	8009048	0.015	0.021
12	数字多用表	台班	8021027	—	0.021
13	手提式吸尘器	台班	8021510	0.01	0.021
14	交直流钳型电流表	台班	8021514	—	0.021
15	照度计	台班	8021524	—	0.033
16	验电器	台班	8021527	0.01	0.021
17	工具箱	台班	8021530	0.01	0.021
18	卷线轴	台班	8025009	0.01	0.021
19	基价	元	9999001	50	99

2-3-6 洞外亮度检测器

工程内容 经常检修:检测器数据上传功能及统计报表功能检查;检测器与照明设施联动功能检查;检测器简单故障排查、更换;更换后功能检查、测试;感光部件清洁维护。

定期检修:内部、外部清洁;输入电压检查;设备交流电测量;外壳绝缘检查;设备线路整理;电源线和信号线加固;测量模拟量及开关量信号是否正常;光度计校正。

单位:1 台(套)·次

顺序号	项目	单位	代号	经常检修	定期检修
				1	2
1	人工	工日	1001001	0.083	0.125
2	电	kW·h	3005002	17	28
3	防静电手刷	个	7005501	0.04	0.04
4	其他材料费	元	7801001	7.28	10.25
5	2t 以内载货汽车	台班	8007001	0.03	0.04
6	数字多用表	台班	8021027	—	0.063
7	手提式吸尘器	台班	8021510	0.042	0.063
8	亮度检测仪	台班	8021520	0.042	0.063
9	验电器	台班	8021527	—	0.063

续前页

单位:1 台(套)·次

顺序号	项　　目	单位	代号	经 常 检 修	定 期 检 修
				1	2
10	手提式吹风机	台班	8021528	0.042	0.063
11	强光照明灯	台班	8025006	0.042	0.063
12	卷线轴	台班	8025009	0.042	0.063
13	人字梯(3m)	台班	8025011	0.042	0.063
14	基价	元	9999001	42	64

2－3－7 洞内照度检测器

工程内容 经常检修：检测器数据上传功能及统计报表功能检查；检测器与照明设施联动功能检查；检测器故障排查、更换；更换后功能检查测试；感光部件清洁维护。

定期检修：内部、外部清洁；输入电压检查；设备交流电测量；外壳绝缘检查；设备线路整理；电源线和信号线加固；测量模拟量及开关量信号是否正常；照度计校正。

单位：1 台(套)·次

顺序号	项目	单位	代号	经常检修	定期检修
				1	2
1	人工	工日	1001001	0.15	0.2
2	电	kW·h	3005002	23	26
3	防静电手刷	个	7005501	0.04	0.04
4	其他材料费	元	7801001	3.45	7.34
5	2t 以内载货汽车	台班	8007001	0.04	0.05
6	数字多用表	台班	8021027	—	0.063
7	手提式吸尘器	台班	8021510	0.042	0.063
8	照度计	台班	8021524	—	0.042
9	验电器	台班	8021527	—	0.063
10	手提式吹风机	台班	8021528	0.042	0.063
11	强光照明灯	台班	8025006	0.042	0.063
12	卷线轴	台班	8025009	0.042	0.063
13	人字梯(3m)	台班	8025011	0.042	0.063
14	基价	元	9999001	54	73

2－3－8 照明配电箱

工程内容 经常检修:箱体外壳接地连接检查;照明程序控制功能检查;回路供电及运行状况检查;损坏元器件更换;防水、防漏、防盗及鼠害、虫害检查;外部清洁。

定期检修:外部及内部清洁;接线端子紧固;工作电压检查;接触器、继电器、漏电保护器检查;线槽封装完好性检查;箱体外壳绝缘测试;机箱防水、防锈处理。

单位:1 台(套)·次

顺序号	项　目	单位	代号	经常检修	定期检修
				1	2
1	人工	工日	1001001	0.042	0.125
2	钢丝刷	个	2009501	0.2	—
3	除锈剂	kg	5003501	0.05	—
4	防静电手刷	个	7005501	0.04	0.04
5	其他材料费	元	7801001	12.06	5.09
6	2t 以内载货汽车	台班	8007001	0.01	0.04
7	数字多用表	台班	8021027	0.021	0.063
8	绝缘电阻测试仪	台班	8021504	—	0.063
9	手提式吸尘器	台班	8021510	0.021	0.063

续前页　　单位:1 台(套)·次

顺序号	项　目	单位	代号	经常检修	定期检修
				1	2
10	交直流钳型电流表	台班	8021514	—	0.063
11	红外点温仪	台班	8021518	0.021	0.063
12	验电器	台班	8021527	0.021	0.063
13	手提式吹风机	台班	8021528	0.021	0.063
14	工具箱	台班	8021530	0.021	0.063
15	强光照明灯	台班	8025006	0.021	0.063
16	基价	元	9999001	24	36

第四节　通风设施

说　　明

1. 本节适用于公路隧道机电系统设施设备中与通风功能有关设备的维护工作。

2. 本节内容包括隧道风机及控制箱等通风相关设备在正常情况下的维护工作。

3. 隧道通风设备主要由通风机及其控制箱组成,通风机按照常用的隧道通风方式,分为轴流风机和射流风机两类。

※2-4-1 射流风机

工程内容 经常检修:风机运转过程噪声、异响、振动及过热情况检查;风机运转电流检查;各部件松动及腐蚀现象检查;风机监控软件控制检查;配电箱抽屉柜及本地控制箱回路控制检查。

定期检修:叶片清洁及涂装检查;电动机润滑油检查、更换与轴承清洗;电动机防护情况检查;电动机绝缘测试及三相电流平衡试验;运行中电机升温检查;组装后的风速及推力测试。

单位:1 台(套)·次

顺序号	项目	单位	代号	经常检修	定期检修
				1	2
1	人工	工日	1001001	0.125	0.75
2	防静电手刷	个	7005501	0.08	0.08
3	其他材料费	元	7801001	23.4	36.82
4	2t 以内载货汽车	台班	8007001	0.08	0.15
5	20m 以内高空作业车	台班	8009048	0.075	0.15
6	数字多用表	台班	8021027	—	0.188
7	噪声监测仪	台班	8021501	0.063	0.188
8	绝缘电阻测试仪	台班	8021504	0.042	0.125
9	手提式吸尘器	台班	8021510	0.063	—

续前页

单位:1 台(套)·次

顺序号	项　目	单位	代号	经常检修	定期检修
				1	2
10	交直流钳型电流表	台班	8021514	—	0.188
11	红外点温仪	台班	8021518	—	0.188
12	验电器	台班	8021527	0.063	0.188
13	手提式吹风机	台班	8021528	—	0.188
14	工具箱	台班	8021530	0.063	0.188
15	强光照明灯	台班	8025006	0.063	0.188
16	卷线轴	台班	8025009	—	0.188
17	油枪	台班	8025010	—	0.25
18	基价	元	9999001	141	331

※2-4-2　轴流风机

工程内容　经常检修:风机运转过程噪声、异响、振动及过热情况检查;各计量仪器、仪表读数检查;减速机油量检查;润滑油冷却装置、驱动轴及电动机工作状态检查;风机运转电流检查;各部件松动及腐蚀现象检查。

定期检修:风机基础螺栓状态检查;轴承温度、油温、油压检查;振动测试情况检查;逆转1h以上工作状态检查;叶片安装状态及手动旋转的平衡状态检查;与监控测试联动测试及正反转间隔试验;减速机油检查、油温测试及油脂检查和更换;气流调节装置内翼及密封材料检查;动翼、静翼及叶轮状况检查;导流叶片及异型管检查;驱动轴油脂添加;电动机绝缘测试及三相电流平衡试验;除湿空调、通风机运行检查;鼠害、虫害检查;消音器除尘、噪声测试及材料更换;仪表检查;供油装置检查;检查后的试运转及风速、推动测试。

单位:1台(套)·次

顺序号	项　目	单位	代号	经常检修	定期检修
				1	2
1	人工	工日	1001001	0.125	0.952
2	钢丝刷	个	2009501	0.2	0.2
3	除锈剂	kg	5003501	0.2	1
4	防静电手刷	个	7005501	0.08	0.08
5	其他材料费	元	7801001	38.15	41.18
6	2t以内载货汽车	台班	8007001	0.11	0.16
7	20m以内高空作业车	台班	8009048	0.083	0.227

续前页 单位:1 台(套)·次

顺序号	项目	单位	代号	经常检修	定期检修
				1	2
8	数字多用表	台班	8021027	0.063	0.215
9	噪声监测仪	台班	8021501	0.063	0.215
10	绝缘电阻测试仪	台班	8021504	0.021	0.215
11	手提式吸尘器	台班	8021510	0.063	0.215
12	交直流钳型电流表	台班	8021514	—	0.132
13	验电器	台班	8021527	0.063	0.215
14	手提式吹风机	台班	8021528	0.063	0.215
15	工具箱	台班	8021530	0.063	0.215
16	强光照明灯	台班	8025006	0.063	0.215
17	卷线轴	台班	8025009	—	0.215
18	油枪	台班	8025010	—	0.132
19	人字梯(3m)	台班	8025011	0.063	0.215
20	基价	元	9999001	179	448

2-4-3 通风控制箱

工程内容 经常检修:箱体外壳接地连接检查;通风程序控制功能检查;软启动器检查;损坏元器件更换;防水、防漏、防盗及鼠害、虫害检查;外部清洁。

定期检修:控制箱外部及内部清洁;接线端子紧固;工作电压测试;接触器、继电器、漏电保护器检查;线槽封装完好性检查;箱体机壳绝缘测试;机箱防水、防锈检查和处理。

单位:1 台(套)·次

顺序号	项目	单位	代号	经常检修	定期检修
				1	2
1	人工	工日	1001001	0.021	0.063
2	钢丝刷	个	2009501	0.2	0.2
3	除锈剂	kg	5003501	0.4	0.5
4	防静电手刷	个	7005501	0.04	0.04
5	其他材料费	元	7801001	14.76	19.48
6	2t 以内载货汽车	台班	8007001	0.04	0.12
7	数字多用表	台班	8021027	0.021	0.063
8	绝缘电阻测试仪	台班	8021504	—	0.063
9	数字式温湿度测试仪	台班	8021505	0.021	0.063

续前页　　单位:1台(套)·次

顺序号	项　　目	单位	代号	经常检修	定期检修
				1	2
10	手提式吸尘器	台班	8021510	0.021	0.063
11	交直流钳型电流表	台班	8021514	0.021	0.063
12	红外点温仪	台班	8021518	—	0.063
13	验电器	台班	8021527	0.021	0.063
14	手提式吹风机	台班	8021528	0.021	0.063
15	工具箱	台班	8021530	0.021	0.063
16	强光照明灯	台班	8025006	0.021	0.063
17	基价	元	9999001	38	78

第五节　消防设施

说　　明

1. 本节适用于公路隧道机电系统设施设备中与消防功能有关设备的维护工作。

2. 本节内容包括隧道火灾报警按钮、控制器、传感器、探测器、火灾报警计算机、消防水泵、管阀、水池、横通道卷帘门、防火门等消防相关设备(不含消防车等应急救援设施)在正常情况下的维护工作。

2-5-1 手动火灾报警按钮

工程内容 经常检修:表面清洁;防水性及环境安全性检查;简单故障排除。

定期检修:细部清洁、除尘;报警信号及传输性能测试;接线端子检查;各回路的报警随机抽检试验。

单位:10台(套)·次

顺序号	项目	单位	代号	经常检修	定期检修
				1	2
1	人工	工日	1001001	0.02	0.042
2	防静电手刷	个	7005501	0.04	0.04
3	其他材料费	元	7801001	2.06	3.73
4	2t以内载货汽车	台班	8007001	0.02	0.04
5	数字多用表	台班	8021027	0.01	0.021
6	手提式吸尘器	台班	8021510	0.01	0.021
7	验电器	台班	8021527	0.01	0.021
8	手提式吹风机	台班	8021528	0.01	0.021
9	工具箱	台班	8021530	0.01	0.021
10	强光照明灯	台班	8025006	0.01	0.021
11	基价	元	9999001	12	23

2-5-2 火灾报警控制器

工程内容 经常检修:表面清洁;设备防水性能及线缆连接情况检查;环境安全性检查;简单故障排除。

定期检修:设备外壳绝缘测试;机壳除尘;接线端子检查;电流、电压测试;报警试验。

单位:1 台(套)·次

顺序号	项目	单位	代号	经常检修	定期检修
				1	2
1	人工	工日	1001001	0.031	0.063
2	钢丝刷	个	2009501	0.2	0.2
3	除锈剂	kg	5003501	1.2	1.2
4	防静电手刷	个	7005501	0.04	0.04
5	其他材料费	元	7801001	13.21	15.82
6	2t 以内载货汽车	台班	8007001	0.02	0.04
7	数字多用表	台班	8021027	0.042	0.063
8	绝缘电阻测试仪	台班	8021504	0.042	0.063
9	手提式吸尘器	台班	8021510	0.042	0.063
10	验电器	台班	8021527	0.042	0.063
11	手提式吹风机	台班	8021528	0.042	0.063
12	工具箱	台班	8021530	0.042	0.063
13	强光照明灯	台班	8025006	0.042	0.063
14	基价	元	9999001	37	51

2-5-3 光纤光栅处理器

工程内容 经常检修:表面清洁;传感器回路抽检测试;报警信号及传输性能测试;运行状况及感温光纤/电缆温度偏差检查;环境安全性检查。

定期检修:设备外壳绝缘测试;机壳除尘;接线端子检查;电流、电压测试;各回路的报警随机抽检试验。

单位:1 台(套)·次

顺序号	项目	单位	代号	经常检修	定期检修
				1	2
1	人工	工日	1001001	0.024	0.036
2	钢丝刷	个	2009501	0.1	0.1
3	除锈剂	kg	5003501	0.5	0.8
4	防静电手刷	个	7005501	0.04	0.04
5	其他材料费	元	7801001	10.58	11.63
6	2t 以内载货汽车	台班	8007001	0.01	0.02
7	光纤测试仪	台班	8021001	0.01	0.01
8	光纤熔接机	台班	8021014	—	0.01
9	光功率计	台班	8021017	0.01	0.01

续前页　　　　　　　　　　　　　　　　　　　　　　　　　　　　　　　　　　　　单位:1 台(套)·次

顺序号	项　　目	单位	代号	经常检修	定期检修
				1	2
10	数字多用表	台班	8021027	0.024	0.036
11	绝缘电阻测试仪	台班	8021504	0.024	0.036
12	手提式吸尘器	台班	8021510	0.024	0.036
13	验电器	台班	8021527	0.024	0.036
14	手提式吹风机	台班	8021528	0.024	0.036
15	工具箱	台班	8021530	0.024	0.036
16	强光照明灯	台班	8025006	0.024	0.036
17	基价	元	9999001	27	36

2-5-4 火灾探测器(双波长)

工程内容 经常检修:表面清洁;探测器回路抽检测试;报警信号及传输性能测试;运行环境安全性检查。

定期检修:设备外壳绝缘测试;机壳除尘;接线端子检查;电流、电压测试;各回路的报警随机抽检试验。

单位:1台(套)·次

顺序号	项目	单位	代号	经常检修	定期检修
				1	2
1	人工	工日	1001001	0.021	0.031
2	防静电手刷	个	7005501	0.04	0.04
3	其他材料费	元	7801001	1.2	1.93
4	2t以内载货汽车	台班	8007001	0.01	0.02
5	数字多用表	台班	8021027	0.01	0.021
6	绝缘电阻测试仪	台班	8021504	0.01	0.021
7	数字式温湿度测试仪	台班	8021505	0.01	0.021
8	手提式吸尘器	台班	8021510	0.01	0.021
9	验电器	台班	8021527	0.01	0.021
10	手提式吹风机	台班	8021528	0.01	0.021
11	工具箱	台班	8021530	0.01	0.021
12	强光照明灯	台班	8025006	0.01	0.021
13	基价	元	9999001	8	13

2－5－5 火灾报警计算机

工程内容 经常检修：表面清洁；报警信号及传输性能测试；计算机运行状况检查；火灾救援预案软件功能检查；简单故障排除。
定期检修：设备外壳绝缘测试；计算机功能检查；接地情况检查；计算机软件调试；火灾救援预案演练。

单位：1 台(套)·次

顺序号	项目	单位	代号	经常检修	定期检修
				1	2
1	人工	工日	1001001	0.021	0.042
2	2t 以内载货汽车	台班	8007001	0.02	0.04
3	数字多用表	台班	8021027	0.024	0.042
4	绝缘电阻测试仪	台班	8021504	—	0.03
5	数字式温湿度测试仪	台班	8021505	0.024	0.042
6	手提式吸尘器	台班	8021510	0.021	0.045
7	验电器	台班	8021527	0.024	0.042
8	手提式吹风机	台班	8021528	0.021	0.045
9	工具箱	台班	8021530	0.024	0.042
10	强光照明灯	台班	8025006	0.018	0.045
11	基价	元	9999001	10	21

2-5-6 消 防 栓

工程内容 经常检修：有无漏水、腐蚀，软管和水带有无损伤检查；放水试验及水压检查；消防栓堵塞、渗漏故障简单处理；箱体检查、维护。

定期检修：保温装置状况检查；保温装置绝缘测试；配水管检查、过滤器清洗；隧道消防应急演练。

单位：1 台(套)·次

顺序号	项目	单位	代号	经常检修	定期检修
				1	2
1	人工	工日	1001001	0.021	0.042
2	钢丝刷	个	2009501	—	0.1
3	除锈剂	kg	5003501	—	0.05
4	其他材料费	元	7801001	1.05	4.42
5	2t 以内载货汽车	台班	8007001	0.01	0.01
6	绝缘电阻测试仪	台班	8021504	—	0.021
7	手提式吸尘器	台班	8021510	0.021	0.021
8	工具箱	台班	8021530	0.021	0.021
9	强光照明灯	台班	8025006	0.021	0.021
10	基价	元	9999001	7	15

2-5-7 消防水带

工程内容 水带有无漏水，损伤检查；水带清洁。

单位：1 台(套)·次

顺序号	项目	单位	代号	经常检修
				1
1	人工	工日	1001001	0.01
2	其他材料费	元	7801001	1.44
3	2t 以内载货汽车	台班	8007001	0.01
4	工具箱	台班	8021530	0.01
5	强光照明灯	台班	8025006	0.01
6	基价	元	9999001	6

2-5-8 消防水枪

工程内容 水枪有无漏水、腐蚀,损伤检查;水枪清洁。

单位:1 台(套)·次

顺序号	项目	单位	代号	经常检修
				1
1	人工	工日	1001001	0.01
2	钢丝刷	个	2009501	0.04
3	除锈剂	kg	5003501	0.02
4	其他材料费	元	7801001	1.43
5	2t 以内载货汽车	台班	8007001	0.01
6	工具箱	台班	8021530	0.005
7	强光照明灯	台班	8025006	0.005
8	基价	元	9999001	7

2-5-9 泡沫灭火装置

工程内容 经常检修:灭火装置完整性检查;灭火剂齐全性及充装有效性检查;泡沫压力检查,灭火装置表面清洁。

定期检修:灭火装置使用与防渣检查;保温装置状况检查;灭火装置清洁;灭火剂补充或更换。

单位:1 台(套)·次

顺序号	项目	单位	代号	经常检修	定期检修
				1	2
1	人工	工日	1001001	0.021	0.031
2	钢丝刷	个	2009501	—	0.1
3	其他材料费	元	7801001	—	2.3
4	2t 以内载货汽车	台班	8007001	0.01	0.02
5	手提式吸尘器	台班	8021510	—	0.035
6	工具箱	台班	8021530	0.021	0.035
7	强光照明灯	台班	8025006	0.024	0.035
8	基价	元	9999001	6	15

2-5-10 手提式灭火器

工程内容 经常检修:外观检查、清洁;灭火器数量及其有效期检查;灭火器压力及腐蚀情况检查;箱体完整性检查。
定期检修:灭火器清洁、除尘、称重及压力检查;灭火器抽取1只进行试喷测试。

单位:1台(套)·次

顺序号	项　目	单位	代号	经常检修	定期检修
				1	2
1	人工	工日	1001001	0.01	0.021
2	其他材料费	元	7801001	0.72	0.35
3	2t以内载货汽车	台班	8007001	0.01	0.01
4	手提式吸尘器	台班	8021510	—	0.021
5	工具箱	台班	8021530	0.01	0.021
6	强光照明灯	台班	8025006	0.01	0.021
7	基价	元	9999001	6	7

2-5-11 手推式灭火器

工程内容 经常检修:外观检查、除尘;灭火器数量及其有效期检查;灭火器压力及腐蚀情况检查。

定期检修:灭火器清洁、称重及压力检查。

单位:1 台(套)·次

顺序号	项　目	单位	代号	经常检修	定期检修
				1	2
1	人工	工日	1001001	0.01	0.021
2	除锈剂	kg	5003501	—	0.1
3	其他材料费	元	7801001	1.09	2.19
4	2t 以内载货汽车	台班	8007001	0.01	0.01
5	手提式吸尘器	台班	8021510	—	0.021
6	工具箱	台班	8021530	0.01	0.021
7	强光照明灯	台班	8025006	0.01	0.021
8	基价	元	9999001	6	9

※2-5-12 高位水池

工程内容 经常检修:水位及液体检测器工作状态检查;水池渗漏检查;泄水孔检查;水池周边清洁;水位显示仪简单故障修复。定期检修:消防水池年检;寒冷地区保温防冻情况检查;清淤。

单位:$100m^3$·次

顺序号	项目	单位	代号	经常检修	定期检修
				1	2
1	人工	工日	1001001	0.63	1.5
2	防静电手刷	个	7005501	0.04	0.04
3	其他材料费	元	7801001	4.27	6.56
4	2t 以内载货汽车	台班	8007001	0.04	0.08
5	数字多用表	台班	8021027	0.042	0.083
6	手提式吸尘器	台班	8021510	—	0.083
7	验电器	台班	8021527	0.042	0.083
8	手提式吹风机	台班	8021528	—	0.083
9	工具箱	台班	8021530	0.042	0.083
10	强光照明灯	台班	8025006	0.042	0.083
11	基价	元	9999001	87	198

※2-5-13 低位水池

工程内容 经常检修:水位及液体检测器工作状态检查;水池渗漏检查;泄水孔检查;水池周边清洁;水位显示仪简单故障修复。

定期检修:消防水池年检;寒冷地区保温防冻检查;清淤。

单位:100m³ · 次

顺序号	项目	单位	代号	经常检修	定期检修
				1	2
1	人工	工日	1001001	0.188	1.31
2	防静电手刷	个	7005501	0.04	0.04
3	其他材料费	元	7801001	11.4	7.4
4	2t 以内载货汽车	台班	8007001	0.04	0.08
5	数字多用表	台班	8021027	0.042	0.083
6	手提式吸尘器	台班	8021510	—	0.083
7	验电器	台班	8021527	0.042	0.083
8	手提式吹风机	台班	8021528	—	0.083
9	工具箱	台班	8021530	0.042	0.083
10	强光照明灯	台班	8025006	0.042	0.083
11	基价	元	9999001	47	178

※2－5－14　消防主泵

工程内容　水泵、接合器及电动机运转情况检查；外观检查及清洁、除锈；轴承部位加油及排气检查；启动试验与自动阀检查；泵体连接螺栓检查与紧固；离心泵泵内垃圾清除；绝缘性能测试；管道接口及表面腐蚀情况检查；管路渗漏水、防冻、保温层检查；阀门开关、手柄、接口处情况及渗漏水检查；阀门法兰连接螺栓腐蚀检查；水泵房防水、防漏、防盗及鼠害、虫害检查；环境温湿度检查。

单位：1 台(套)·次

顺序号	项　目	单位	代号	经常检修
				1
1	人工	工日	1001001	0.083
2	除锈剂	kg	5003501	0.05
3	其他材料费	元	7801001	7.77
4	2t 以内载货汽车	台班	8007001	0.02
5	数字多用表	台班	8021027	0.042
6	绝缘电阻测试仪	台班	8021504	0.042
7	数字式温湿度测试仪	台班	8021505	0.042
8	手提式吸尘器	台班	8021510	0.042
9	验电器	台班	8021527	0.042
10	工具箱	台班	8021530	0.042
11	强光照明灯	台班	8025006	0.021
12	基价	元	9999001	26

※2－5－15 消防潜污泵

工程内容 水泵、接合器及电动机运转情况检查；外观检查及清洁、除锈；轴承部位加油及排气检查；启动试验与自动阀检查；泵体连接螺栓检查与紧固；离心泵泵内垃圾清除；绝缘性能测试；管道接口及表面腐蚀情况检查；管路渗漏水、防冻、保温层检查；阀门开关、手柄、接口处情况及渗漏水检查；阀门法兰连接螺栓腐蚀检查；水泵房防水、防漏、防盗及鼠害、虫害检查；环境温湿度检查。

单位：1 台(套)·次

顺序号	项　　目	单位	代号	经常检修
				1
1	人工	工日	1001001	0.083
2	除锈剂	kg	5003501	0.05
3	其他材料费	元	7801001	7.77
4	2t 以内载货汽车	台班	8007001	0.02
5	数字多用表	台班	8021027	0.042
6	绝缘电阻测试仪	台班	8021504	0.042
7	数字式温湿度测试仪	台班	8021505	0.042
8	手提式吸尘器	台班	8021510	0.042
9	验电器	台班	8021527	0.042
10	工具箱	台班	8021530	0.042
11	强光照明灯	台班	8025006	0.021
12	基价	元	9999001	26

2－5－16　变频控制箱

工程内容　经常检修:控制柜变频功能测试;外部清洁;简单故障修复;防水、防漏、防盗及鼠害、虫害检查;运行环境安全性检查。定期检修:内部清洁;端子连接紧固性检查;电压检查;元器件检查;线路整理。

单位:1 台(套)·次

顺序号	项　　目	单位	代号	经常检修	定期检修
				1	2
1	人工	工日	1001001	0.083	0.125
2	钢丝刷	个	2009501	0.2	0.2
3	除锈剂	kg	5003501	1	0.5
4	防静电手刷	个	7005501	0.04	0.04
5	其他材料费	元	7801001	8.69	12.77
6	2t 以内载货汽车	台班	8007001	0.02	0.08
7	数字多用表	台班	8021027	0.042	0.083
8	数字式温湿度测试仪	台班	8021505	0.042	0.083
9	手提式吸尘器	台班	8021510	0.042	0.083
10	交直流钳型电流表	台班	8021514	0.042	0.083
11	验电器	台班	8021527	0.042	0.083
12	手提式吹风机	台班	8021528	—	0.095
13	工具箱	台班	8021530	0.042	0.083
14	强光照明灯	台班	8025006	0.042	0.083
15	基价	元	9999001	37	65

2－5－17 水泵房配电箱

工程内容 经常检修:水泵房配电箱简单故障修复;防水、防漏及鼠害、虫害检查;运行环境安全性检查。
定期检修:外部及内部清洁;接线端子紧固;工作电压检查;接触器、继电器、漏电保护器检查;线槽封装完好性检查;控制箱内环境检查。

单位:1 台(套)·次

顺序号	项目	单位	代号	经常检修	定期检修
				1	2
1	人工	工日	1001001	0.042	0.25
2	钢丝刷	个	2009501	0.2	—
3	除锈剂	kg	5003501	0.5	—
4	防静电手刷	个	7005501	0.04	0.04
5	其他材料费	元	7801001	12.06	5.29
6	2t 以内载货汽车	台班	8007001	0.02	0.08
7	数字多用表	台班	8021027	0.042	0.083
8	数字式温湿度测试仪	台班	8021505	0.042	0.083
9	手提式吸尘器	台班	8021510	0.042	0.083
10	交直流钳型电流表	台班	8021514	—	0.095
11	验电器	台班	8021527	0.042	0.083
12	手提式吹风机	台班	8021528	0.042	0.083
13	工具箱	台班	8021530	0.042	0.083
14	强光照明灯	台班	8025006	0.042	0.083
15	基价	元	9999001	32	65

2-5-18 人行通道防火门

工程内容 外部清洁;人行通道防火门简单故障修复。

单位:1台(套)·次

顺序号	项目	单位	代号	经常检修
				1
1	人工	工日	1001001	0.042
2	钢丝刷	个	2009501	0.2
3	除锈剂	kg	5003501	0.5
4	其他材料费	元	7801001	8.91
5	2t以内载货汽车	台班	8007001	0.01
6	数字多用表	台班	8021027	0.021
7	手提式吸尘器	台班	8021510	0.021
8	验电器	台班	8021527	0.021
9	手提式吹风机	台班	8021528	0.021
10	工具箱	台班	8021530	0.042
11	强光照明灯	台班	8025006	0.021
12	基价	元	9999001	25

2-5-19 紧急疏散标志

工程内容 经常检修:外部清洁;简单故障修复;损坏标志更换。

定期检修:内部除尘;接线及线路板检查;不良零部件更换。

单位:10 块·次

顺序号	项　目	单位	代号	经常检修	定期检修
				1	2
1	人工	工日	1001001	0.021	0.042
2	电	kW·h	3005002	—	5
3	玻璃胶	mL	5001501	—	50
4	防静电手刷	个	7005501	0.04	0.04
5	像素管	个	7509504	—	0.2
6	其他材料费	元	7801001	2.18	0.97
7	2t 以内载货汽车	台班	8007001	0.01	0.01
8	数字多用表	台班	8021027	0.021	0.042
9	手提式吸尘器	台班	8021510	0.021	0.042
10	验电器	台班	8021527	0.021	0.042
11	手提式吹风机	台班	8021528	0.021	0.042
12	工具箱	台班	8021530	0.021	0.042
13	强光照明灯	台班	8025006	0.01	0.01
14	基价	元	9999001	9	22

2-5-20 横洞指示标志

工程内容 经常检修:标志清洁;供电状况检查;简单故障修复;损坏标志更换。
定期检修:内部除尘;接线及线路板检查;不良零部件更换。

单位:10 块·次

顺序号	项目	单位	代号	经常检修	定期检修
				1	2
1	人工	工日	1001001	0.01	0.021
2	电	kW·h	3005002	—	11
3	玻璃胶	mL	5001501	—	50
4	防静电手刷	个	7005501	0.04	0.04
5	像素管	个	7509504	—	0.5
6	其他材料费	元	7801001	1.2	4.86
7	2t 以内载货汽车	台班	8007001	0.01	0.01
8	20m 以内高空作业车	台班	8009048	0.01	0.01
9	数字多用表	台班	8021027	0.01	0.021
10	数字式温湿度测试仪	台班	8021505	0.01	0.021

续前页　　　　单位:10 块·次

顺序号	项　　目	单位	代号	经常检修	定期检修
				1	2
11	手提式吸尘器	台班	8021510	0.01	0.021
12	验电器	台班	8021527	0.01	0.021
13	手提式吹风机	台班	8021528	0.01	0.021
14	工具箱	台班	8021530	0.01	0.021
15	强光照明灯	台班	8025006	0.01	0.021
16	人字梯(3m)	台班	8025011	0.01	0.021
17	基价	元	9999001	16	43

2－5－21 紧急停车带指示标志

工程内容 经常检修：标志清洁；供电状况检查；简单故障修复；损坏标志更换。
定期检修：内部除尘；接线及线路板检查；不良零部件更换。

单位：10 块・次

顺序号	项 目	单位	代号	经 常 检 修	定 期 检 修
				1	2
1	人工	工日	1001001	0.01	0.021
2	电	kW・h	3005002	—	11
3	玻璃胶	mL	5001501	—	50
4	防静电手刷	个	7005501	0.04	0.04
5	像素管	个	7509504	—	0.5
6	其他材料费	元	7801001	1.2	4.86
7	2t 以内载货汽车	台班	8007001	0.01	0.01
8	20m 以内高空作业车	台班	8009048	0.01	0.01
9	数字多用表	台班	8021027	0.01	0.021
10	手提式吸尘器	台班	8021510	0.01	0.021

续前页　　　　单位:10 块·次

顺序号	项　　目	单位	代号	经常检修	定期检修
				1	2
11	验电器	台班	8021527	0.01	0.021
12	手提式吹风机	台班	8021528	0.01	0.021
13	工具箱	台班	8021530	0.01	0.021
14	强光照明灯	台班	8025006	0.01	0.021
15	人字梯(3m)	台班	8025011	0.01	0.021
16	基价	元	9999001	16	43

2－5－22 紧急电话指示标志

工程内容 经常检修：标志清洁；供电状况检查；简单故障修复；损坏标志更换。
定期检修：内部除尘；接线及线路板检查；不良零部件更换。

单位：10 块・次

顺序号	项目	单位	代号	经常检修	定期检修
				1	2
1	人工	工日	1001001	0.01	0.021
2	电	kW・h	3005002	—	11
3	玻璃胶	mL	5001501	—	50
4	防静电手刷	个	7005501	0.04	0.04
5	像素管	个	7509504	—	0.5
6	其他材料费	元	7801001	1.2	4.86
7	2t 以内载货汽车	台班	8007001	0.01	0.01
8	20m 以内高空作业车	台班	8009048	0.01	0.01
9	数字多用表	台班	8021027	0.01	0.021
10	手提式吸尘器	台班	8021510	0.01	0.021

续前页　　　　　　　　　　　　　　　　　　　　　　　　　　单位:10块·次

顺序号	项目	单位	代号	经常检修	定期检修
				1	2
11	验电器	台班	8021527	0.01	0.021
12	手提式吹风机	台班	8021528	0.01	0.021
13	工具箱	台班	8021530	0.01	0.021
14	强光照明灯	台班	8025006	0.01	0.021
15	人字梯(3m)	台班	8025011	0.01	0.021
16	基价	元	9999001	16	43

2－5－23 主动发光轮廓标

工程内容 经常检修:外部维护;简单故障修复;损坏轮廓标更换。
定期检修:外部清洁;接线检查。

单位:100 块·次

顺序号	项　　目	单位	代号	经常检修	定期检修
				1	2
1	人工	工日	1001001	0.21	0.42
2	防静电手刷	个	7005501	0.4	0.4
3	其他材料费	元	7801001	1.22	2.19
4	2t 以内载货汽车	台班	8007001	0.01	0.01
5	数字多用表	台班	8021027	0.21	0.042
6	工具箱	台班	8021530	0.21	0.042
7	强光照明灯	台班	8025006	0.21	0.042
8	基价	元	9999001	37	53

2－5－24　轮廓标控制器

工程内容　经常检修:清洁维护;简单故障修复;损坏控制器更换。

定期检修:内部清洁;不良零部件更换;防水检查;内部除尘;线路板检查;控制器绝缘测试。

单位:1 台(套)·次

顺序号	项　目	单位	代号	经常检修	定期检修
				1	2
1	人工	工日	1001001	0.042	0.063
2	电	kW·h	3005002	—	5
3	玻璃胶	mL	5001501	—	50
4	防静电手刷	个	7005501	0.04	0.04
5	其他材料费	元	7801001	2.9	7.72
6	2t 以内载货汽车	台班	8007001	0.02	0.02
7	数字多用表	台班	8021027	0.021	0.021
8	绝缘电阻测试仪	台班	8021504	—	0.021
9	手提式吸尘器	台班	8021510	0.021	0.021
10	验电器	台班	8021527	0.021	0.021
11	手提式吹风机	台班	8021528	0.021	0.021
12	工具箱	台班	8021530	0.021	0.021
13	强光照明灯	台班	8025006	0.021	0.021
14	基价	元	9999001	15	31

2-5-25 消防供电主控柜

工程内容 经常检修:清洁维护;简单故障修复;绝缘测试。

定期检修:内部清洁;损坏部件更换;防水检查;内部除尘,线路板检查;绝缘情况检查。

单位:1台(套)·次

顺序号	项目	单位	代号	经常检修	定期检修
				1	2
1	人工	工日	1001001	0.21	0.43
2	防静电手刷	个	7005501	—	0.5
3	其他材料费	元	7801001	1.94	2.91
4	2t以内载货汽车	台班	8007001	0.02	0.02
5	数字多用表	台班	8021027	0.075	0.1
6	绝缘电阻测试仪	台班	8021504	0.063	0.1
7	手提式吸尘器	台班	8021510	0.063	0.1
8	验电器	台班	8021527	0.063	0.1
9	手提式吹风机	台班	8021528	0.063	0.1
10	工具箱	台班	8021530	0.01	0.02
11	强光照明灯	台班	8025006	0.063	0.1
12	基价	元	9999001	34	61

2－5－26 消防泵控制柜

工程内容 经常检修:清洁维护;防水、防漏、防盗及鼠害、虫害检查;绝缘测试;环境温湿度检查;简单故障修复。

定期检修:内部清洁;损坏部件更换;检查防水;内部除尘;启动检查;控制柜绝缘检查。

单位:1台(套)·次

顺序号	项目	单位	代号	经常检修	定期检修
				1	2
1	人工	工日	1001001	0.25	0.51
2	防静电手刷	个	7005501	—	0.5
3	其他材料费	元	7801001	1.05	1.94
4	2t以内载货汽车	台班	8007001	0.02	0.02
5	数字多用表	台班	8021027	0.075	0.1
6	绝缘电阻测试仪	台班	8021504	0.063	0.1
7	手提式吸尘器	台班	8021510	0.063	0.1
8	验电器	台班	8021527	0.063	0.1
9	手提式吹风机	台班	8021528	0.063	0.1
10	工具箱	台班	8021530	0.063	0.1
11	强光照明灯	台班	8025006	0.063	0.1
12	基价	元	9999001	38	70

※2-5-27 稳 压 泵

工程内容 经常检修:稳压泵、接合器及电动机运转情况检查;外观检查、清洁维护及除锈;轴承部位检查及加油;启动试验;连接螺栓检查与紧固;泵内垃圾清除;绝缘测试;水泵房防水、防漏、防盗及鼠害、虫害检查;环境温湿度检查;简单故障修复。定期检修:内部清洁;损坏部件更换;防水检查;内部除尘;线路板检查;设备绝缘情况检查。

单位:1 台(套)·次

顺序号	项 目	单位	代号	经常检修	定期检修
				1	2
1	人工	工日	1001001	0.175	0.35
2	除锈剂	kg	5003501	0.1	0.2
3	防静电手刷	个	7005501	0.3	0.5
4	其他材料费	元	7801001	3.15	4.62
5	2t 以内载货汽车	台班	8007001	0.02	0.04
6	数字多用表	台班	8021027	0.075	0.1
7	绝缘电阻测试仪	台班	8021504	0.063	0.1
8	手提式吸尘器	台班	8021510	0.063	0.1
9	验电器	台班	8021527	0.063	0.1
10	手提式吹风机	台班	8021528	0.063	0.1
11	工具箱	台班	8021530	0.063	0.1
12	强光照明灯	台班	8025006	0.063	0.1
13	基价	元	9999001	34	64

第六节　监控与通信设施

说　明

1. 本节适用于公路隧道机电系统设施设备中与监控及通信功能有关设备的维护工作。

2. 本节内容包括隧道车辆检测器、摄像机、监视器、可变信息标志、交通监控计算机、风速风向检测器、CO/VI检测器等监控和通信相关设备在正常情况下的维护工作。

3. 光电缆线路根据被维护内容取费，维护电缆不含电缆性能测试项目及费用，维护光缆不含光缆认证测试项目及费用。

2-6-1 线圈车辆检测器

工程内容 经常检修:监控单元外观及运行状态检查;检测器数据可靠度、上传情况及数据统计报表功能检查;检测器接线及设备故障检查。

定期检修:检测单元外观及安装状态检查,动作检查及灵敏度调整;监控单元测量仪、显示器、故障灯检查,传输电流检测,电子线路板、继电器安装状态及配线情况检查;线圈绝缘测试。

单位:1 台(套)·次

顺序号	项目	单位	代号	经常检修	定期检修
				1	2
1	人工	工日	1001001	0.021	0.083
2	发泡剂	kg	5003502	0.2	—
3	防静电手刷	个	7005501	0.04	0.04
4	其他材料费	元	7801001	3.64	4.95
5	2t 以内载货汽车	台班	8007001	0.02	0.04
6	便携式计算机	台班	8021026	—	0.042
7	数字多用表	台班	8021027	—	0.042
8	绝缘电阻测试仪	台班	8021504	—	0.042
9	手持式测速器	台班	8021506	0.021	0.042

续前页　　　　　　　　　　　　　　　　　　　　　　　　　　　　　　单位:1 台(套)·次

顺序号	项　目	单位	代号	经常检修	定期检修
				1	2
10	交直流钳型电流表	台班	8021514	—	0.042
11	对讲机	台班	8021516	—	0.042
12	数字 LCR 表	台班	8021517	—	0.042
13	手提式吹风机	台班	8021528	—	0.042
14	工具箱	台班	8021530	—	0.042
15	维护专用储水罐	台班	8025008	0.021	0.042
16	基价	元	9999001	15	31

2-6-2 微波/超声车辆检测器

工程内容 经常检修:监控单元外观及运行状态检查;检测器数据可靠度、上传情况及数据统计报表功能检查;检测器接线及设备故障检查。

定期检修:检测单元外观及安装状态检查,动作检查及灵敏度调整;监控单元测量仪、显示器、故障灯检查,传输电流检测,电子线路板、继电器安装状态及配线情况检查;绝缘测试;损坏检测器更换。

单位:1台(套)·次

顺序号	项目	单位	代号	经常检修	定期检修
				1	2
1	人工	工日	1001001	0.01	0.042
2	发泡剂	kg	5003502	0.2	0.2
3	防静电手刷	个	7005501	0.04	0.04
4	其他材料费	元	7801001	5.96	4.02
5	2t以内载货汽车	台班	8007001	0.01	0.02
6	20m以内高空作业车	台班	8009048	0.015	0.021
7	便携式计算机	台班	8021026	—	0.042
8	数字多用表	台班	8021027	—	0.042
9	绝缘电阻测试仪	台班	8021504	—	0.042

续前页　　　　单位:1台(套)·次

顺序号	项　　目	单位	代号	经常检修	定期检修
				1	2
10	手持式测速器	台班	8021506	0.01	0.042
11	交直流钳型电流表	台班	8021514	—	0.042
12	对讲机	台班	8021516	—	0.042
13	视频监控测试仪	台班	8021521	—	0.042
14	工具箱	台班	8021530	0.01	0.042
15	维护专用储水罐	台班	8025008	0.01	0.042
16	基价	元	9999001	28	42

2-6-3 视频车辆检测器

工程内容 经常检修:监控单元外观及运行状态检查;检测器数据可靠度、上传情况及数据统计报表功能检查;检测器接线及设备故障检查。

定期检修:检测单元外观及安装状态检查,动作检查,检测区域及灵敏度调整;监控单元测量仪、显示器、故障灯检查,传输电流检测,电子线路板、继电器安装状态及配线情况检查;线圈绝缘测试。

单位:1 台(套)·次

顺序号	项目	单位	代号	经常检修	定期检修
				1	2
1	人工	工日	1001001	0.021	0.042
2	发泡剂	kg	5003502	0.2	—
3	防静电手刷	个	7005501	0.04	0.04
4	其他材料费	元	7801001	3.05	3.4
5	2t 以内载货汽车	台班	8007001	0.01	0.02
6	20m 以内高空作业车	台班	8009048	0.01	0.021
7	便携式计算机	台班	8021026	—	0.042
8	数字多用表	台班	8021027	—	0.042
9	绝缘电阻测试仪	台班	8021504	—	0.042

续前页

单位:1 台(套)·次

顺序号	项目	单位	代号	经常检修	定期检修
				1	2
10	手持式测速器	台班	8021506	0.021	0.042
11	交直流钳型电流表	台班	8021514	—	0.042
12	对讲机	台班	8021516	—	0.042
13	视频监控测试仪	台班	8021521	—	0.042
14	工具箱	台班	8021530	0.021	0.042
15	维护专用储水罐	台班	8025008	0.021	0.042
16	基价	元	9999001	21	39

2-6-4 高速球形摄像机

工程内容 经常检修:摄像机图像质量观感检查;控制功能及录像机功能检查;图像质量问题及控制功能简单故障处置;摄像机外观检查及简单故障修复(含传输通道);录像机简单故障检查和修复,数据备份检查;故障设备更换;与其他系统的联动控制;清洁除尘。

定期检修:各部件安装情况检查;调整聚焦和焦距;电流电压检查;视频监控信号测试;监视器画面质量检查;系统功能检查。

单位:1 台(套)·次

顺序号	项目	单位	代号	经常检修	定期检修
				1	2
1	人工	工日	1001001	0.036	0.056
2	防静电手刷	个	7005501	0.01	0.04
3	其他材料费	元	7801001	2.53	6.88
4	2t 以内载货汽车	台班	8007001	0.02	0.04
5	20m 以内高空作业车	台班	8009048	0.036	0.061
6	光功率计	台班	8021017	0.01	0.04
7	电视测试信号发生器	台班	8021025	—	0.035
8	对讲机	台班	8021516	—	0.035
9	视频监控测试仪	台班	8021521	—	0.042
10	工具箱	台班	8021530	—	0.061
11	维护专用储水罐	台班	8025008	0.01	0.042
12	基价	元	9999001	50	92

2-6-5 定焦摄像机

工程内容 经常检修:摄像机图像质量观感检查;摄像机控制功能及录像机功能检查;图像质量问题及控制功能简单故障处置;摄像机外观检查及简单故障修复(含传输通道);录像机简单故障检查和修复,数据备份检查;故障设备更换;与其他系统的联动控制;清洁除尘。

各部件安装情况检查;调整聚焦和焦距;电流电压检查;视频监控信号测试;监视器画面质量检查;系统功能检查;绝缘测试。

单位:1 台(套)·次

顺序号	项目	单位	代号	经常检修	定期检修
				1	2
1	人工	工日	1001001	0.036	0.056
2	防静电手刷	个	7005501	0.04	0.04
3	其他材料费	元	7801001	1.81	2.76
4	2t 以内载货汽车	台班	8007001	0.03	0.03
5	20m 以内高空作业车	台班	8009048	0.031	0.042
6	光功率计	台班	8021017	0.01	0.04
7	彩色监视器	台班	8021024	—	0.042
8	电视测试信号发生器	台班	8021025	—	0.042

续前页　　单位:1 台(套)·次

顺序号	项　　目	单位	代号	经 常 检 修	定 期 检 修
				1	2
9	便携式计算机	台班	8021026	—	0.042
10	数字多用表	台班	8021027	—	0.042
11	绝缘电阻测试仪	台班	8021504	—	0.042
12	交直流钳型电流表	台班	8021514	—	0.042
13	对讲机	台班	8021516	—	0.042
14	视频监控测试仪	台班	8021521	—	0.042
15	手提式吹风机	台班	8021528	0.01	0.042
16	望远镜	台班	8021529	0.01	0.042
17	工具箱	台班	8021530	—	0.042
18	维护专用储水罐	台班	8025008	0.01	0.042
19	基价	元	9999001	47	69

2-6-6 变焦摄像机

工程内容 经常检修：摄像机图像质量观感检查；摄像机控制功能及录像机功能检查；图像质量问题及控制功能简单故障处置；摄像机外观检查及简单故障修复（含传输通道）；录像机简单故障检查和修复，数据备份检查；故障设备更换；与其他系统的联动控制；清洁除尘。

定期检修：各部件安装情况检查；调整聚焦和焦距；电流电压检查；视频监控信号测试；监视器画面质量检查；系统功能检查。

单位：1台（套）·次

顺序号	项目	单位	代号	经常检修	定期检修
				1	2
1	人工	工日	1001001	0.036	0.056
2	防静电手刷	个	7005501	0.04	0.04
3	其他材料费	元	7801001	3.26	8.79
4	2t以内载货汽车	台班	8007001	0.04	0.06
5	20m以内高空作业车	台班	8009048	0.03	0.055
6	光功率计	台班	8021017	0.01	0.042
7	视频信号发生器	台班	8021513	—	0.042
8	对讲机	台班	8021516	—	0.042

续前页

单位:1 台(套)·次

顺序号	项　　目	单位	代号	经常检修	定期检修
				1	2
9	红外点温仪	台班	8021518	0.01	—
10	视频监控测试仪	台班	8021521	—	0.042
11	手提式吹风机	台班	8021528	0.01	—
12	工具箱	台班	8021530	—	0.042
13	维护专用储水罐	台班	8025008	0.01	0.042
14	基价	元	9999001	51	95

2-6-7 视频矩阵

工程内容 经常检修:清洁除尘;线路连接检查;视频切换、控制功能检查。

定期检修:各部件安装情况检查;接线端子紧固;与其他系统的联动控制检查;绝缘测试;损坏部件更换。

单位:1台(套)·次

顺序号	项目	单位	代号	经常检修	定期检修
				1	2
1	人工	工日	1001001	0.042	0.083
2	防静电手刷	个	7005501	0.04	0.04
3	其他材料费	元	7801001	5.05	5.9
4	2t以内载货汽车	台班	8007001	0.04	0.04
5	示波器	台班	8021021	—	0.083
6	彩色监视器	台班	8021024	—	0.083
7	数字多用表	台班	8021027	—	0.083
8	绝缘电阻测试仪	台班	8021504	—	0.083
9	手提式吸尘器	台班	8021510	—	0.083
10	交直流钳型电流表	台班	8021514	—	0.083
11	工具箱	台班	8021530	—	0.083
12	维护专用储水罐	台班	8025008	0.042	0.083
13	基价	元	9999001	23	35

2-6-8 矩阵控制键盘

工程内容 经常检修:外观及操作性能检查;清洁除尘;电压、电流测量;与紧急电话、防灾控制等的联动试验;线路连接检查。定期检修:各部件安装情况检查;接线端子紧固;内部保养;与其他系统的联动控制;键盘供电、拨码开关和按键检查;绝缘测试。

单位:1台(套)·次

顺序号	项目	单位	代号	经常检修	定期检修
				1	2
1	人工	工日	1001001	0.021	0.042
2	防静电手刷	个	7005501	0.04	0.04
3	其他材料费	元	7801001	4.56	5.65
4	2t以内载货汽车	台班	8007001	0.02	0.04
5	数字多用表	台班	8021027	—	0.042
6	绝缘电阻测试仪	台班	8021504	—	0.042
7	手提式吸尘器	台班	8021510	—	0.042
8	交直流钳型电流表	台班	8021514	—	0.042
9	工具箱	台班	8021530	—	0.042
10	维护专用储水罐	台班	8025008	0.021	0.042
11	基价	元	9999001	14	26

2-6-9 监视器

工程内容 经常检修:设备外观检查;图像质量及功能检查;故障设备更换;外部清洁。

定期检修:内部除尘;清洁高压包、行输出管、电源开关管及行电路、电源电路的焊点;监视器画面质量检查;供电检查;各项系统功能检查;螺栓紧固。

单位:1 台(套)·次

顺序号	项　目	单位	代号	经常检修	定期检修
				1	2
1	人工	工日	1001001	0.042	0.063
2	防静电手刷	个	7005501	0.04	0.04
3	其他材料费	元	7801001	2.53	2.76
4	2t 以内载货汽车	台班	8007001	0.02	0.04
5	电视测试信号发生器	台班	8021025	—	0.083
6	数字多用表	台班	8021027	—	0.083
7	手提式吸尘器	台班	8021510	—	0.083
8	工具箱	台班	8021530	—	0.083
9	维护专用储水罐	台班	8025008	0.042	0.083
10	基价	元	9999001	14	29

2-6-10 视频录像机

工程内容 经常检修:录像机功能及容量检查;BNC 接头及线路连接检查;录像机故障检查修复,数据备份检查;故障设备更换;录像机指标测试;清洁除尘。

定期检修:内部清洁;各部件安装情况检查;功能测试;硬盘扫描;备份测试;绝缘测试。

单位:1 台(套)·次

顺序号	项目	单位	代号	经常检修	定期检修
				1	2
1	人工	工日	1001001	0.042	0.083
2	防静电手刷	个	7005501	0.04	0.04
3	其他材料费	元	7801001	5.74	7.96
4	2t 以内载货汽车	台班	8007001	0.04	0.08
5	微机硬盘测试仪	台班	8021003	—	0.083
6	绝缘电阻测试仪	台班	8021504	—	0.083
7	手提式吸尘器	台班	8021510	—	0.083
8	防静电腕表	台班	8021512	—	0.083
9	交直流钳型电流表	台班	8021514	—	0.083
10	工具箱	台班	8021530	—	0.083
11	维护专用储水罐	台班	8025008	0.042	0.083
12	基价	元	9999001	24	57

2-6-11　可变限速标志(立柱式)

工程内容　经常检修:外观检查;不良橡塑管查找;显示点阵完整性及色彩还原性测试;历史发布信息统计功能检查;火灾应急预案关联测试;可变标志自动闭合器动作检查;可变标志简单故障处理;清洁除尘。

定期检修:内部除尘,像素管及电路板清洁;运行检测程序检测整体性能;各接线端子检查;损坏像素管更换;防腐检查及除锈处理;亮度测试;接地电阻测试;绝缘测试。

单位:1 台(套)·次

顺序号	项　目	单位	代号	经常检修	定期检修
				1	2
1	人工	工日	1001001	0.083	0.104
2	电	kW·h	3005002	22	33
3	玻璃胶	mL	5001501	—	50
4	除锈剂	kg	5003501	—	0.2
5	防静电手刷	个	7005501	0.04	0.04
6	其他材料费	元	7801001	4.35	7.64
7	2t 以内载货汽车	台班	8007001	0.06	0.08
8	20m 以内高空作业车	台班	8009048	0.021	0.053
9	光功率计	台班	8021017	0.06	0.08
10	便携式计算机	台班	8021026	—	0.083
11	数字多用表	台班	8021027	—	0.083

续前页　　　　单位:1台(套)·次

顺序号	项　目	单位	代号	经常检修	定期检修
				1	2
12	接地电阻检测仪	台班	8021502	—	0.083
13	绝缘电阻测试仪	台班	8021504	—	0.083
14	数字式温湿度测试仪	台班	8021505	—	0.083
15	手提式吸尘器	台班	8021510	0.063	0.083
16	网线钳	台班	8021515	—	0.083
17	亮度检测仪	台班	8021520	—	0.083
18	网通仪	台班	8021523	—	0.083
19	验电器	台班	8021527	0.063	0.083
20	手提式吹风机	台班	8021528	0.063	0.083
21	工具箱	台班	8021530	0.063	0.083
22	强光照明灯	台班	8025006	0.063	0.083
23	卷线轴	台班	8025009	0.063	0.083
24	人字梯(3m)	台班	8025011	0.063	0.083
25	基价	元	9999001	80	146

2－6－12　洞外可变信息标志(门架式)

工程内容　经常检修:外观检查;不良橡塑管查找;显示点阵完整性及色彩还原性测试;历史发布信息软件统计功能检查;火灾应急预案关联测试;外观清洁;可变标志自动闭合器动作检查;可变标志简单故障处理。

定期检修:内部除尘,像素管及电路板清洁;运行检测程序检测整体性能;各接线端子检查;损坏像素管更换;连接螺栓紧固;防腐检查及除锈处理;亮度测试;接地电阻测试;绝缘测试。

单位:1 台(套)·次

顺序号	项　目	单位	代号	经常检修	定期检修
				1	2
1	人工	工日	1001001	0.125	0.188
2	电	kW·h	3005002	66	55
3	玻璃胶	mL	5001501	—	240
4	除锈剂	kg	5003501	—	0.2
5	防静电手刷	个	7005501	0.04	0.04
6	其他材料费	元	7801001	4.74	12.2
7	2t 以内载货汽车	台班	8007001	0.04	0.11
8	20m 以内高空作业车	台班	8009048	0.042	0.104
9	便携式计算机	台班	8021026	—	0.083

续前页　　　　单位:1台(套)·次

顺序号	项　目	单位	代号	经常检修	定期检修
				1	2
10	数字多用表	台班	8021027	—	0.083
11	接地电阻检测仪	台班	8021502	—	0.083
12	绝缘电阻测试仪	台班	8021504	—	0.083
13	数字式温湿度测试仪	台班	8021505	—	0.083
14	手提式吸尘器	台班	8021510	0.063	0.083
15	网线钳	台班	8021515	—	0.083
16	网通仪	台班	8021523	—	0.083
17	验电器	台班	8021527	0.063	0.083
18	手提式吹风机	台班	8021528	0.063	0.083
19	工具箱	台班	8021530	0.063	0.083
20	强光照明灯	台班	8025006	0.063	0.083
21	卷线轴	台班	8025009	0.063	0.083
22	基价	元	9999001	132	249

2-6-13 洞内可变信息标志(吊装式)

工程内容 经常检修:外观检查;不良像素管查找;显示点阵完整性及色彩还原性测试;历史发布信息软件统计功能检查;火灾应急预案关联测试;外部清洁;可变标志自动闭合器动作检查;可变标志简单故障处理。

定期检修:内部除尘,像素管及电路板清洁;运行检测程序检测整体性能;各接线端子检查;损坏像素管更换;连接螺栓紧固;防腐检查及除锈处理;亮度测试;接地电阻检测;绝缘测试。

单位:1台(套)·次

顺序号	项目	单位	代号	经常检修	定期检修
				1	2
1	人工	工日	1001001	0.125	0.188
2	电	kW·h	3005002	99	66
3	玻璃胶	mL	5001501	—	240
4	防静电手刷	个	7005501	0.04	0.04
5	其他材料费	元	7801001	4.74	7.03
6	2t以内载货汽车	台班	8007001	0.04	0.08
7	20m以内高空作业车	台班	8009048	0.021	0.11
8	便携式计算机	台班	8021026	—	0.083
9	数字多用表	台班	8021027	—	0.083

续前页　　　　单位:1 台(套)·次

顺序号	项　　目	单位	代号	经 常 检 修	定 期 检 修
				1	2
10	接地电阻检测仪	台班	8021502	—	0.083
11	绝缘电阻测试仪	台班	8021504	—	0.083
12	数字式温湿度测试仪	台班	8021505	—	0.063
13	手提式吸尘器	台班	8021510	0.083	0.083
14	网线钳	台班	8021515	—	0.083
15	网通仪	台班	8021523	—	0.083
16	验电器	台班	8021527	0.083	0.083
17	手提式吹风机	台班	8021528	0.083	0.083
18	工具箱	台班	8021530	0.083	0.083
19	强光照明灯	台班	8025006	0.083	0.083
20	卷线轴	台班	8025009	0.083	0.083
21	基价	元	9999001	140	247

2-6-14 隧道本地控制器

工程内容 经常检修：隧道本地控制器及环网状态检查；浪涌保护器、加热器或散热器检查；数据采集周期及发送控制命令延时检查；通信、传输及自检功能检查；独立运行工程测试；简单故障检查和修复；运行情况及安全环境检查；箱体内部清洁维护。

定期检修：电源测试；外壳绝缘测试；内部除尘；接线端子检查；模块更换。

单位：1 台(套)·次

顺序号	项目	单位	代号	经常检修	定期检修
				1	2
1	人工	工日	1001001	0.083	0.125
2	钢丝刷	个	2009501	—	0.2
3	除锈剂	kg	5003501	—	1.2
4	防静电手刷	个	7005501	0.04	0.04
5	继电器	个	7509505	—	0.2
6	其他材料费	元	7801001	7.28	10.33
7	2t 以内载货汽车	台班	8007001	0.04	0.04
8	便携式计算机	台班	8021026	0.042	0.104
9	数字多用表	台班	8021027	—	0.104

续前页

单位:1 台(套)·次

顺序号	项　　目	单位	代号	经 常 检 修	定 期 检 修
				1	2
10	绝缘电阻测试仪	台班	8021504	—	0.104
11	数字式温湿度测试仪	台班	8021505	—	0.104
12	手提式吸尘器	台班	8021510	0.042	0.104
13	网通仪	台班	8021523	0.042	0.104
14	验电器	台班	8021527	—	0.104
15	手提式吹风机	台班	8021528	0.042	0.104
16	工具箱	台班	8021530	—	0.104
17	强光照明灯	台班	8025006	0.042	0.104
18	基价	元	9999001	32	67

2-6-15 监控室控制计算机

工程内容 经常检修:外观检查及清洁;系统时钟、功能及设备工作状态检查;数据保存、备份及病毒防治;线路连接、本地控制系统及环网工作状态检查;简单故障检查修复;运行环境安全性检查。

定期检修:异响、发热情况检查;控制软件维护与系统联动功能检查;外壳绝缘情况检查;内部除尘;硬盘检查;设备温湿度检查;软件调试。

单位:1台(套)·次

顺序号	项目	单位	代号	经常检修	定期检修
				1	2
1	人工	工日	1001001	0.042	0.083
2	防静电手刷	个	7005501	0.04	0.04
3	其他材料费	元	7801001	2.53	3.26
4	2t以内载货汽车	台班	8007001	0.02	0.04
5	微机硬盘测试仪	台班	8021003	—	0.06
6	手提式吸尘器	台班	8021510	0.042	0.063
7	防静电腕表	台班	8021512	—	0.063
8	验电器	台班	8021527	—	0.063
9	工具箱	台班	8021530	0.042	0.063
10	基价	元	9999001	14	34

2-6-16 服 务 器

工程内容 经常检修:外观检查及清洁;系统时钟、功能及设备工作状态检查;服务器数据热备功能检查;服务器病毒防治;设备运行情况及安全环境检查;鼠害、虫害检查。

定期检修:异响、发热情况检查;控制软件维护与系统联动功能检查;内部清洁;地板抗静电检查;接地情况检查;网络及软件测试;硬盘及风扇检查;内部线路整理;数据备份检查。

单位:1台(套)·次

顺序号	项 目	单位	代号	经常检修	定期检修
				1	2
1	人工	工日	1001001	0.042	0.104
2	防静电手刷	个	7005501	0.04	0.04
3	其他材料费	元	7801001	4.74	4.74
4	2t以内载货汽车	台班	8007001	0.01	0.04
5	微机硬盘测试仪	台班	8021003	—	0.08
6	网络分析仪	台班	8021007	—	0.1
7	手提式吸尘器	台班	8021510	0.042	0.083
8	防静电腕表	台班	8021512	—	0.083
9	验电器	台班	8021527	—	0.083
10	工具箱	台班	8021530	0.042	0.083
11	基价	元	9999001	13	57

2-6-17 网络交换机

工程内容 经常检修:运行情况和网络运行数据检查;告警显示检查;VLAN 表和端口流量检查;散热风扇检查;链路及配置命令检查;鼠害、虫害检查;安全环境检查。

定期检修:异响、发热情况检查;内部清洁;地板抗静电检查;接地情况检查;物理特性及性能测试。

单位:1 台(套)·次

顺序号	项目	单位	代号	经常检修	定期检修
				1	2
1	人工	工日	1001001	0.042	0.063
2	双绞线	m	7001013	—	5
3	防静电手刷	个	7005501	0.04	0.04
4	其他材料费	元	7801001	6.47	5.79
5	2t 以内载货汽车	台班	8007001	0.03	0.04
6	网络分析仪	台班	8021007	—	0.1
7	手提式吹风机	台班	8021528	—	0.042
8	维护专用储水罐	台班	8025008	—	0.042
9	基价	元	9999001	21	56

2-6-18 交通监控计算机

工程内容 经常检修:外观检查及清洁;系统时钟、功能及设备工作状态检查;数据保存、备份及病毒防治;线路连接、本地控制系统及环网工作状态检查;简单故障检查修复;运行环境安全性检查。

定期检修:异响、发热情况检查;控制软件维护与系统联动功能检查;外壳绝缘测试;内部除尘;硬盘检查;设备温湿度检查;接地情况检查;软件调试。

单位:1 台(套)·次

顺序号	项目	单位	代号	经常检修	定期检修
				1	2
1	人工	工日	1001001	0.042	0.083
2	防静电手刷	个	7005501	0.04	0.04
3	其他材料费	元	7801001	2.53	3.26
4	2t 以内载货汽车	台班	8007001	0.02	0.04
5	微机硬盘测试仪	台班	8021003	—	0.06
6	绝缘电阻测试仪	台班	8021504	—	0.063
7	手提式吸尘器	台班	8021510	0.042	0.063
8	防静电腕表	台班	8021512	—	0.063
9	验电器	台班	8021527	—	0.063
10	工具箱	台班	8021530	0.042	0.063
11	基价	元	9999001	14	34

2-6-19 通风照明计算机

工程内容 经常检修：外观检查及清洁；系统时钟、功能及设备工作状态检查；数据保存、备份及病毒防治；线路连接、本地控制系统及环网工作状态检查；简单故障检查修复；运行环境安全性检查。

定期检修：异响、发热情况检查；控制软件维护与系统联动功能检查；外壳绝缘测试；内部除尘；硬盘检查；设备温湿度检查；接地情况检查；软件调试。

单位：1 台(套)·次

顺序号	项目	单位	代号	经常检修	定期检修
				1	2
1	人工	工日	1001001	0.042	0.083
2	防静电手刷	个	7005501	0.04	0.04
3	其他材料费	元	7801001	2.53	3.26
4	2t 以内载货汽车	台班	8007001	0.02	0.04
5	微机硬盘测试仪	台班	8021003	—	0.06
6	绝缘电阻测试仪	台班	8021504	—	0.063
7	手提式吸尘器	台班	8021510	0.042	0.063
8	防静电腕表	台班	8021512	—	0.063
9	验电器	台班	8021527	—	0.063
10	工具箱	台班	8021530	0.042	0.063
11	基价	元	9999001	14	34

2－6－20 风速风向检测器

工程内容 经常检修:分析仪及自动校正装置检查;监控单元外观及工作状态检查;简单故障检查和修复;清洁维护;功能测试。定期检修:计量仪、显示器及故障显示灯检查;操作开关、继电器等检查;配线连接情况检查;整体检测精度比对和调整。

单位:1 台(套)·次

顺序号	项目	单位	代号	经常检修	定期检修
				1	2
1	人工	工日	1001001	0.083	0.125
2	电	kW·h	3005002	5	11
3	防静电手刷	个	7005501	0.04	0.04
4	其他材料费	元	7801001	5.81	5.81
5	2t 以内载货汽车	台班	8007001	0.01	0.02
6	20m 以内高空作业车	台班	8009048	0.005	0.03
7	数字多用表	台班	8021027	0.042	0.063
8	手提式吸尘器	台班	8021510	0.042	0.063
9	风速测试仪	台班	8021519	—	0.063
10	验电器	台班	8021527	0.042	0.063
11	手提式吹风机	台班	8021528	0.042	0.063
12	强光照明灯	台班	8025006	0.042	0.063
13	卷线轴	台班	8025009	0.042	0.063
14	基价	元	9999001	29	68

2-6-21 CO/VI 检测仪

工程内容 经常检修:分析仪、自动校正装置中指示值及空气过滤器检查;吸气装置及聚焦防护罩检查;检测器数据上传及统计报表功能检查;检测器与通风设施联动功能检查;检测器简单故障排除;清洁维护;功能测试。

定期检修:分析仪及自动校正装置的除湿功能、自动校正功能、通风装置功能检查;采气口过滤器更换;计量仪、显示器及故障显示灯检查;操作开关、继电器等检查;配线连接情况检查;整体检测精度比对和调整。

单位:1 台(套)·次

顺序号	项　目	单位	代号	经常检修	定期检修
				1	2
1	人工	工日	1001001	0.083	0.125
2	电	kW·h	3005002	5	11
3	防静电手刷	个	7005501	0.04	0.04
4	其他材料费	元	7801001	5.81	5.81
5	2t 以内载货汽车	台班	8007001	0.01	0.02
6	20m 以内高空作业车	台班	8009048	0.005	0.033
7	数字多用表	台班	8021027	—	0.063
8	手提式吸尘器	台班	8021510	0.042	0.063
9	验电器	台班	8021527	0.042	0.063
10	手提式吹风机	台班	8021528	0.042	0.063
11	强光照明灯	台班	8025006	0.042	0.063
12	卷线轴	台班	8025009	0.042	0.063
13	基价	元	9999001	29	70

2-6-22 交通信号灯

工程内容 经常检修:灯体外观检查及清洁维护;交通模式切换检查;损坏灯体更换,换后工作状态检查。

定期检修:不良像素管查找;内部清洁,像素管及电路板清洁;接线端子检查;不良像素管更换;防水检查;亮度测试;电源线检查。

单位:1 台(套)·次

顺序号	项目	单位	代号	经常检修	定期检修
				1	2
1	人工	工日	1001001	0.042	0.063
2	电	kW·h	3005002	—	11
3	防静电手刷	个	7005501	0.04	0.4
4	像素管	个	7509504	—	1
5	其他材料费	元	7801001	5.71	4.74
6	2t 以内载货汽车	台班	8007001	0.01	0.03
7	20m 以内高空作业车	台班	8009048	0.015	0.028
8	数字多用表	台班	8021027	—	0.063
9	数字式温湿度测试仪	台班	8021505	—	0.063

续前页　　　　　　　　　　　　　　　　　　　　　　　　　　　　　　　　单位:1 台(套)·次

顺序号	项　　目	单位	代号	经常检修	定期检修
				1	2
10	手提式吸尘器	台班	8021510	0.042	0.063
11	亮度检测仪	台班	8021520	—	0.063
12	验电器	台班	8021527	—	0.063
13	手提式吹风机	台班	8021528	0.042	0.063
14	工具箱	台班	8021530	0.042	0.063
15	强光照明灯	台班	8025006	0.042	0.063
16	卷线轴	台班	8025009	—	0.063
17	基价	元	9999001	30	79

2-6-23 车道指示器

工程内容 经常检修:灯体外观检查及清洁维护;交通模式切换检查;损坏灯体更换,换后工作状态检查。

定期检修:不良像素管查找;内部清洁,像素管及电路板清洁;接线端子检查;不良像素管更换;连接螺栓紧固;防水检查;亮度测试;电源线检查。

单位:1 台(套)·次

顺序号	项目	单位	代号	经常检修	定期检修
				1	2
1	人工	工日	1001001	0.042	0.125
2	电	kW·h	3005002	5	14
3	玻璃胶	mL	5001501	—	50
4	防静电手刷	个	7005501	0.04	0.04
5	像素管	个	7509504	—	1
6	其他材料费	元	7801001	4.74	15.23
7	2t 以内载货汽车	台班	8007001	—	0.03
8	20m 以内高空作业车	台班	8009048	0.005	0.026
9	数字多用表	台班	8021027	0.042	—

续前页　　　　　　　　　　　　　　　　　　　　　　　　　　　　　　　　单位:1 台(套)·次

顺序号	项　目	单位	代号	经常检修	定期检修
				1	2
10	数字式温湿度测试仪	台班	8021505	0.042	—
11	手提式吸尘器	台班	8021510	0.042	0.063
12	网线钳	台班	8021515	0.042	—
13	亮度检测仪	台班	8021520	—	0.063
14	网通仪	台班	8021523	0.042	—
15	验电器	台班	8021527	0.042	0.063
16	手提式吹风机	台班	8021528	0.042	0.063
17	工具箱	台班	8021530	0.042	0.063
18	强光照明灯	台班	8025006	0.042	0.063
19	卷线轴	台班	8025009	0.042	0.063
20	基价	元	9999001	21	99

※2-6-24 光电缆线路

工程内容 经常检修:尾纤(缆)、终端盒、配线架外观检查、电缆沟盖板揭、盖;人、手井检查及积水清理;接头处理;光缆断点接续;线路绝缘情况检查;线路防水、防盗及鼠害、虫害检查。

定期检修:光纤通道后散射型号曲线测试检查;电缆线间、相间及对地绝缘测试;电缆接头检查;光缆、电缆防雷、接地装置检查;绝缘测试;光缆衰耗测试。

单位:1 处·次

顺序号	项目	单位	代号	经常检修	定期检修
				1	2
1	人工	工日	1001001	0.083	0.125
2	防静电手刷	个	7005501	0.04	0.04
3	其他材料费	元	7801001	3.99	6.15
4	2t 以内载货汽车	台班	8007001	0.04	0.06
5	光纤测试仪	台班	8021001	0.04	0.06
6	光纤熔接机	台班	8021014	0.04	0.06
7	数字多用表	台班	8021027	0.042	0.063
8	绝缘电阻测试仪	台班	8021504	0.042	0.063
9	数字式温湿度测试仪	台班	8021505	0.042	0.063

续前页 单位:1 处 · 次

顺序号	项　目	单位	代号	经 常 检 修	定 期 检 修
				1	2
10	电缆故障测试仪	台班	8021507	0.126	0.189
11	手提式吸尘器	台班	8021510	0.042	0.063
12	交直流钳型电流表	台班	8021514	—	0.063
13	验电器	台班	8021527	0.042	0.063
14	手提式吹风机	台班	8021528	0.042	0.063
15	工具箱	台班	8021530	0.042	0.063
16	强光照明灯	台班	8025006	0.042	0.063
17	基价	元	9999001	58	88

2-6-25 数字光端机

工程内容 经常检修:法兰与尾纤连接情况检查;清洁除尘;插头和插座维护;发送光功率及光接收灵敏度检查;传输误码率检查。定期检修:稳压电源输出测试;信号输入、输出测试;简单故障修复。

单位:1 台(套)·次

顺序号	项目	单位	代号	经常检修	定期检修
				1	2
1	人工	工日	1001001	0.042	0.021
2	防静电手刷	个	7005501	0.08	—
3	其他材料费	元	7801001	3.18	2.32
4	2t 以内载货汽车	台班	8007001	0.02	0.02
5	误码率测试仪	台班	8021004	0.021	—
6	光功率计	台班	8021017	0.04	—
7	彩色监视器	台班	8021024	0.042	0.021
8	电视测试信号发生器	台班	8021025	0.042	0.021
9	数字多用表	台班	8021027	0.042	0.021
10	手提式吸尘器	台班	8021510	0.021	—
11	视频监控测试仪	台班	8021521	0.042	0.021
12	手提式吹风机	台班	8021528	0.021	—
13	工具箱	台班	8021530	0.021	0.021
14	光源	台班	8025005	0.042	—
15	强光照明灯	台班	8025006	0.021	—
16	基价	元	9999001	24	13

2－6－26 节点光端机

工程内容 经常检修:法兰与尾纤连接情况检查;清洁除尘;插头和插座维护;发送光功率及光接收灵敏度检查;传输误码率检查。

定期检修:稳压电源输出测试;信号输入、输出测试;简单故障修复。

单位:1 台(套)·次

顺序号	项目	单位	代号	经常检修	定期检修
				1	2
1	人工	工日	1001001	0.042	0.021
2	防静电手刷	个	7005501	0.08	—
3	其他材料费	元	7801001	3.18	2.33
4	2t 以内载货汽车	台班	8007001	0.02	0.02
5	误码率测试仪	台班	8021004	0.021	—
6	光功率计	台班	8021017	0.04	—
7	彩色监视器	台班	8021024	0.042	0.021
8	电视测试信号发生器	台班	8021025	0.042	0.021
9	数字多用表	台班	8021027	0.042	0.021
10	手提式吸尘器	台班	8021510	0.021	—
11	视频监控测试仪	台班	8021521	0.042	0.021
12	手提式吹风机	台班	8021528	0.021	—
13	工具箱	台班	8021530	0.021	0.021
14	光源	台班	8025005	0.042	—
15	强光照明灯	台班	8025006	0.021	—
16	基价	元	9999001	24	13

2－6－27　空　调

工程内容　经常检修:外观及工程检查;各部件牢固性检查;安全环境检查;过滤网清洁;翅片、导水槽检查和清洁。
定期检修:外壳带电情况测试;遥控功能检查;制冷、制热效果检查;内部清洁;漏水情况检查。

单位:1 台(套)·次

顺序号	项　目	单位	代号	经常检修	定期检修
				1	2
1	人工	工日	1001001	0.021	0.042
2	电焊条	kg	2009011	—	0.2
3	氟	瓶	5003503	—	0.6
4	助焊剂	mL	5003504	—	50
5	防静电手刷	个	7005501	0.04	0.04
6	乙炔气焊	台班	7701505	—	0.042
7	其他材料费	元	7801001	17.03	18.68
8	2t 以内载货汽车	台班	8007001	0.02	0.02
9	电动空气压缩机	台班	8017043	—	0.042
10	数字多用表	台班	8021027	0.021	0.042

续前页 单位:1 台(套)·次

顺序号	项　目	单位	代号	经常检修	定期检修
				1	2
11	数字式温湿度测试仪	台班	8021505	—	0.042
12	红外点温仪	台班	8021518	0.021	0.042
13	数字压力表	台班	8021525	0.021	0.042
14	手提式吹风机	台班	8021528	0.021	0.042
15	工具箱	台班	8021530	0.042	0.042
16	人字梯(3m)	台班	8025011	0.021	0.042
17	基价	元	9999001	27	74

2-6-28 视频事件检测器

工程内容 经常检修:外观检查;各种测量数据可靠度检查;数据上传情况及数据统计报表功能检查;视频头、CPU 风扇检查;接线及设备简单故障检查和修复。

定期检修:检查区域及灵敏度检查和调整;各部件安装情况检查;视频采集卡及检测器扇热风扇检查。

单位:1 台(套)·次

顺序号	项目	单位	代号	经常检修	定期检修
				1	2
1	人工	工日	1001001	0.083	0.25
2	防静电手刷	个	7005501	0.04	0.04
3	其他材料费	元	7801001	16.16	20.31
4	2t 以内载货汽车	台班	8007001	0.02	0.02
5	20m 以内高空作业车	台班	8009048	0.033	0.033
6	手提式吸尘器	台班	8021510	0.042	0.063
7	工具箱	台班	8021530	0.042	0.063
8	基价	元	9999001	65	87

2-6-29 监控配电箱

工程内容 经常检修:线路连接检查;外壳接地连接检查;程序控制功能检查;回路供电及运行状况检查;损坏元器件更换;防水、防漏、防盗及鼠害、虫害检查;外部清洁。

定期检修:外部及内部清洁;接线端子紧固;工作电压检查;接触器、继电器、漏电保护器检查;线槽封装完好性检查;箱体外壳绝缘测试;机箱防水、防锈处理。

单位:1台(套)·次

顺序号	项目	单位	代号	经常检修	定期检修
				1	2
1	人工	工日	1001001	0.042	0.125
2	钢丝刷	个	2009501	0.2	—
3	除锈剂	kg	5003501	0.05	—
4	防静电手刷	个	7005501	0.04	0.04
5	其他材料费	元	7801001	12.06	5.09
6	2t以内载货汽车	台班	8007001	0.01	0.04
7	数字多用表	台班	8021027	0.021	0.063
8	绝缘电阻测试仪	台班	8021504	—	0.063
9	手提式吸尘器	台班	8021510	0.021	0.063

续前页　　　　单位:1 台(套)·次

顺序号	项　　目	单位	代号	经常检修	定期检修
				1	2
10	交直流钳型电流表	台班	8021514	—	0.063
11	红外点温仪	台班	8021518	0.021	0.063
12	验电器	台班	8021527	0.021	0.063
13	手提式吹风机	台班	8021528	0.021	0.063
14	工具箱	台班	8021530	0.021	0.063
15	强光照明灯	台班	8025006	0.021	0.063
16	基价	元	9999001	24	36

※2 –6 –30 隧道监控系统软件

工程内容 经常检修:系统时钟和病毒防治检查;用户数据库和管理层数据库备份;日志备份检查;软件功能检查。

定期检修:数据库软件更新检查;碎片整理,数据库完整性检查;错误日志查看,统计信息更新;软件调试。

单位:1组(套)·次

顺序号	项目	单位	代号	经常检修	定期检修
				1	2
1	人工	工日	1001001	0.12	0.25
2	2t以内载货汽车	台班	8007001	0.05	0.05
3	便携式计算机	台班	8021026	0.12	0.25
4	基价	元	9999001	33	50

2－6－31 车行通道卷帘门

工程内容 外部清洁;卷帘门本地及远程控制功能检查和修复。

单位:1 台(套)·次

顺序号	项目	单位	代号	经常检修
				1
1	人工	工日	1001001	0.188
2	钢丝刷	个	2009501	0.2
3	除锈剂	kg	5003501	1
4	其他材料费	元	7801001	18.26
5	2t 以内载货汽车	台班	8007001	0.04
6	20m 以内高空作业车	台班	8009048	0.01
7	数字多用表	台班	8021027	0.045
8	手提式吸尘器	台班	8021510	0.042
9	验电器	台班	8021527	0.042
10	手提式吹风机	台班	8021528	0.045
11	工具箱	台班	8021530	0.045
12	强光照明灯	台班	8025006	0.045
13	基价	元	9999001	74

2-6-32 紧急电话分机

工程内容 经常检修:分机呼叫功能检查;通话分机简单故障检查和修复;通话效果测试;外部清洁。

定期检修:外壳带电性检查;内部清洁;设备环境温湿度测试;电压检查;内部线路检查;输入、输出信号检查;接线端子检查;强制切断测试;接地电阻测试。

单位:1台(套)·次

顺序号	项目	单位	代号	经常检修	定期检修
				1	2
1	人工	工日	1001001	0.042	0.063
2	钢丝刷	个	2009501	—	0.02
3	除锈剂	kg	5003501	—	0.12
4	防静电手刷	个	7005501	0.004	0.008
5	水晶头	个	7005502	—	0.2
6	其他材料费	元	7801001	0.91	2.5
7	2t以内载货汽车	台班	8007001	0.01	0.04
8	光功率计	台班	8021017	0.02	0.04
9	数字多用表	台班	8021027	—	0.063

续前页

单位:1 台(套)·次

顺序号	项　　目	单位	代号	经常检修	定期检修
				1	2
10	接地电阻检测仪	台班	8021502	—	0.063
11	数字式温湿度测试仪	台班	8021505	—	0.063
12	手提式吸尘器	台班	8021510	—	0.063
13	网线钳	台班	8021515	—	0.063
14	验电器	台班	8021527	—	0.063
15	手提式吹风机	台班	8021528	0.042	0.063
16	强光照明灯	台班	8025006	0.042	0.063
17	基价	元	9999001	11	30

2-6-33 紧急电话控制主机

工程内容 经常检修:主机巡回自检功能检查;控制主机简单故障检查和修复;通话效果测试;外部清洁。

定期检修:外壳绝缘测试;内部清洁;功能检查;电压检查;内部线路检查;运行环境安全性检查。

单位:1 台(套)·次

顺序号	项目	单位	代号	经常检修	定期检修
				1	2
1	人工	工日	1001001	0.042	0.072
2	防静电手刷	个	7005501	0.04	0.04
3	其他材料费	元	7801001	2.53	6.2
4	2t 以内载货汽车	台班	8007001	0.03	0.05
5	光功率计	台班	8021017	0.02	0.04
6	数字多用表	台班	8021027	—	0.042
7	绝缘电阻测试仪	台班	8021504	—	0.042
8	手提式吸尘器	台班	8021510	—	0.042
9	验电器	台班	8021527	—	0.042
10	手提式吹风机	台班	8021528	0.021	0.042
11	工具箱	台班	8021530	0.021	0.042
12	强光照明灯	台班	8025006	—	0.042
13	基价	元	9999001	19	36

2-6-34　紧急电话计算机

工程内容　经常检修:计算机软件功能检查;计算机软件的简单故障修复;通话效果测试;外部清洁。

定期检修:外壳绝缘测试;内部清洁;功能检查;电压检查;内部线路检查;运行环境安全性检查;接地情况检查;软件调试。

单位:1 台(套)·次

顺序号	项　目	单位	代号	经常检修	定期检修
				1	2
1	人工	工日	1001001	0.021	0.063
2	防静电手刷	个	7005501	0.04	0.04
3	其他材料费	元	7801001	3.32	7.28
4	2t 以内载货汽车	台班	8007001	0.02	0.02
5	数字多用表	台班	8021027	0.033	0.042
6	绝缘电阻测试仪	台班	8021504	—	0.042
7	手提式吸尘器	台班	8021510	—	0.042
8	验电器	台班	8021527	—	0.042
9	手提式吹风机	台班	8021528	0.033	0.042
10	工具箱	台班	8021530	0.033	0.042
11	强光照明灯	台班	8025006	—	0.042
12	基价	元	9999001	13	23

2-6-35 扬 声 器

工程内容 经常检修:外部清洁;话音清晰度检查;接线牢固性检查;绝缘情况检查。

定期检修:内部清洁;开关输入、输出信号检查;电压检查;设备外壳绝缘测试;内部线路检查和整理。

单位:1 台(套)·次

顺序号	项目	单位	代号	经常检修	定期检修
				1	2
1	人工	工日	1001001	0.021	0.063
2	防静电手刷	个	7005501	0.04	0.04
3	其他材料费	元	7801001	2.53	5.47
4	2t 以内载货汽车	台班	8007001	0.01	0.04
5	数字多用表	台班	8021027	0.01	0.042
6	绝缘电阻测试仪	台班	8021504	0.01	0.042
7	手提式吸尘器	台班	8021510	0.01	0.042
8	手提式吹风机	台班	8021528	0.01	0.042
9	强光照明灯	台班	8025006	0.01	0.042
10	人字梯(3m)	台班	8025011	0.01	0.042
11	基价	元	9999001	9	28

附录 A　砂浆及水泥混凝土材料消耗配合比

表 A.0.1　砂 浆 配 合 比　　单位：1m³ 砂浆及水泥浆

序号	项　　目	单位	代号	水泥砂浆									
				砂浆强度等级									
				M5	M7.5	M10	M12.5	M15	M20	M25	M30	M35	M40
				1	2	3	4	5	6	7	8	9	10
1	熟石灰	kg	5503003	—	—	—	—	—	—	—	—	—	—
2	中(粗)砂	m^3	5503005	1.12	1.09	1.07	1.07	1.07	1.06	1.02	0.99	0.98	0.95
3	32.5 级水泥	kg	5509001	218	266	311	345	393	448	527	612	693	760

序号	项　　目	单位	代号	水泥砂浆				混合砂浆				石灰砂浆	水泥浆
				砂浆强度等级									
				1:1	1:2	1:2.5	1:3	M2.5	M5	M7.5	M10	M1	—
				11	12	13	14	15	16	17	18	19	20
1	熟石灰	kg	5503003	—	—	—	—	127	94	61	29	207	—
2	中(粗)砂	m^3	5503005	0.67	0.95	1.01	1.04	1.04	1.04	1.04	1.04	1.1	—
3	32.5 级水泥	kg	5509001	780	553	472	403	165	210	253	290	—	1348

注：表列用量已包括场内运输及操作损耗。

表 A.0.2 水泥混凝土配合比　　单位:1m³ 混凝土

顺序号	项目	单位	普通混凝土														
			碎(砾)石最大粒径(mm)														
			20														
			混凝土强度等级														
			C10	C15	C20	C25	C30		C35		C40			C45		C50	
			水泥强度等级														
			32.5	32.5	32.5	32.5	32.5	42.5	32.5	42.5	32.5	42.5	52.5	42.5	52.5	42.5	52.5
			1	2	3	4	5	6	7	8	9	10	11	12	13	14	15
1	水泥	kg	238	286	315	368	406	388	450	405	488	443	399	482	439	524	479
2	中(粗)砂	m^3	0.51	0.51	0.49	0.48	0.46	0.48	0.45	0.47	0.43	0.45	0.47	0.45	0.45	0.44	0.42
3	碎(砾)石	m^3	0.85	0.82	0.82	0.8	0.79	0.79	0.78	0.79	0.78	0.79	0.79	0.77	0.79	0.75	0.79

顺序号	项目	单位	普通混凝土														
			碎(砾)石最大粒径(mm)														
			20		40												
			混凝土强度等级														
			C55	C6	C10	C15	C20	C25	C30		C35		C40			C45	
			水泥强度等级														
			52.5	52.5	32.5	32.5	32.5	32.5	32.5	42.5	32.5	42.5	32.5	42.5	52.5	42.5	52.5
			16	17	18	19	20	21	22	23	24	25	26	27	28	29	30
1	水泥	kg	516	539	225	267	298	335	377	355	418	372	461	415	359	440	399
2	中(粗)砂	m^3	0.42	0.41	0.51	0.5	0.49	0.48	0.46	0.46	0.45	0.46	0.43	0.44	0.46	0.44	0.44
3	碎(砾)石	m^3	0.74	0.71	0.87	0.85	0.84	0.83	0.83	0.84	0.82	0.83	0.81	0.83	0.84	0.81	0.84

续前页

单位:1m^3 混凝土

顺序号	项目	单位	普通混凝土						泵送混凝土								
			碎(砾)石最大粒径(mm)														
			40			80			20								
			混凝土强度等级														
			C50		C55	C10	C15	C20	C15	C20	C25	C30	C35		C40		C45
			水泥强度等级														
			42.5	52.5	52.5	32.5	32.5	32.5	32.5	32.5	32.5	32.5	32.5	42.5	32.5	42.5	42.5
			31	32	33	34	35	36	37	38	39	40	41	42	43	44	45
1	水泥	kg	487	430	451	212	253	282	321	354	407	443	491	431	538	471	512
2	中(粗)砂	m^3	0.43	0.41	0.41	0.58	0.55	0.54	0.59	0.57	0.56	0.55	0.54	0.56	0.52	0.54	0.54
3	碎(砾)石	m^3	0.79	0.84	0.83	0.83	0.83	0.82	0.75	0.75	0.71	0.7	0.69	0.7	0.67	0.69	0.67

顺序号	项目	单位	泵送混凝土														
			碎(砾)石最大粒径(mm)														
			20			40											
			混凝土强度等级														
			C50	C55	C60	C10	C15	C20	C25	C30	C35		C40		C45	C50	C55
			水泥强度等级														
			42.5	52.5	52.5	32.5	32.5	32.5	32.5	32.5	32.5	42.5	32.5	42.5	42.5	42.5	52.5
			46	47	48	49	50	51	52	53	54	55	56	57	58	59	60
1	水泥	kg	554	546	570	236	302	325	372	420	461	403	505	440	478	505	498
2	中(粗)砂	m^3	0.53	0.51	0.5	0.66	0.59	0.59	0.58	0.56	0.54	0.57	0.52	0.55	0.56	0.55	0.55
3	碎(砾)石	m^3	0.66	0.65	0.62	0.73	0.77	0.75	0.73	0.73	0.72	0.72	0.7	0.71	0.68	0.67	0.65

续前页　　　　　　　　　　　　　　　　　　　　　　　　　　　　单位：1m³ 混凝土

顺序号	项目	单位	水下混凝土				防水混凝土				喷射混凝土				片石混凝土		
			碎(砾)石最大粒径(mm)														
			40								20				80		
			混凝土强度等级														
			C20	C25	C30	C35	C25	C30	C35	C40	C15	C20	C25	C30	C10	C15	C20
			水泥强度等级														
			32.5	32.5	32.5	32.5	32.5	32.5	42.5	42.5	32.5	32.5	32.5	32.5	32.5	32.5	32.5
			61	62	63	64	65	66	67	68	69	70	71	72	73	74	75
1	水泥	kg	368	427	460	505	368	398	385	434	435	445	469	510	180	215	240
2	中(粗)砂	m^3	0.52	0.51	0.51	0.49	0.49	0.46	0.47	0.46	0.61	0.61	0.6	0.59	0.49	0.47	0.46
3	碎(砾)石	m^3	0.71	0.69	0.67	0.66	0.80	0.84	0.83	0.81	0.58	0.57	0.57	0.56	0.71	0.71	0.7
4	片石	m^3	—	—	—	—	—	—	—	—	—	—	—	—	0.215	0.215	0.215

注：1. 采用细砂配制混凝土时，每 m^3 混凝土的水泥用量增加 4%。

2. 表列各种强度混凝土的水泥用量系按机械捣固计算；当采用人工捣固时，每 m^3 混凝土增加水泥用量 25 kg。

3. 表列用量已包括场内运输及操作损耗。

4. 公路水下构造物每 m^3 混凝土水泥用量：机器捣固不应少于 240 kg，人工捣固不应少于 265 kg。

5. 每 $10m^3$ 混凝土拌和与养护用水为：

项目		单位	用水量(m^3)		项目	单位	用水量(m^3)	
			泵送混凝土	其他混凝土			泵送混凝土	其他混凝土
现浇	基础、下部构造	$10m^3$	18	12	预制	$10m^3$	22	16
	上部构造		21	15				

表 A.0.3　砌筑工程石料及砂浆消耗　　单位：$1m^3$ 砌体

顺序号	项　目	单位	浆砌工程						干砌工程	
			片石	卵石	块石	粗料石	细料石	青(红)砖	片石、卵石	块石
			1	2	3	4	5	6	7	8
1	片石、卵石	m^3	1.15	1.15	—	—	—	—	1.25	—
2	块石	m^3	—	—	1.05	—	—	—	—	1.15
3	粗料石	m^3	—	—	—	0.9	—	—	—	—
4	细料石	m^3	—	—	—	—	0.92	—	—	—
5	青(红)砖	千块	—	—	—	—	—	0.531	—	—
6	砂浆	m^3	0.35	0.38	0.27	0.2	0.13	0.24	—	—

注：1. 浆砌工程中的砂浆用量不包括勾缝用量。
2. 砌筑混凝土预制块同砌筑细料石。
3. 表列用量已包括场内运输及操作损耗。

续前页　　单位：100m² 勾缝抹面面积

顺序号	项目	单位	水泥砂浆勾缝							
			平、立面							
			平凹缝				凸缝			
			片石	块石	料石	青(红)砖	片石	块石	料石	青(红)砖
			9	10	11	12	13	14	15	16
1	砂浆	m^3	0.87	0.52	0.35	0.22	1.22	0.73	0.49	0.31

顺序号	项目	单位	水泥砂浆勾缝								水泥砂浆抹面
			仰面								
			平凹缝				凸缝				厚 2cm
			片石	块石	料石	青(红)砖	片石	块石	料石	青(红)砖	
			17	18	19	20	21	22	23	24	25
1	砂浆	m^3	0.91	0.55	0.37	0.23	1.27	0.77	0.52	0.32	2.6

注：1. 混凝土预制块勾缝同料石。

2. 表列用量已包括场内运输及操作损耗。

表 A.0.4　环氧胶泥、环氧胶液、环氧砂浆材料消耗　　单位:100g

顺序号	项　　目	单位	环氧胶泥	环氧胶液	环氧砂浆
			1	2	3
1	环氧树脂	g	43.6	66.7	14.8
2	固化剂 T31	g	6.5	10	2.2
3	二丁酯	g	13	13.3	3
4	丙酮	g	6.5	10	2.2
5	42.5 级水泥	g	30.4	—	33.4
6	中(粗)砂	g	—	—	44.4

注:1. 环氧胶泥质量比为:环氧树脂:固化剂 T31:二丁酯:丙酮:42.5 级水泥 = 100:15:30:15:70。
2. 环氧胶液质量配合比为:环氧树脂:固化剂 T31:二丁酯:丙酮 = 100:15:20:15。
3. 环氧砂浆质量配合比为:环氧树脂浆(胶)液:水泥:中(粗)砂 = 10:15:20。
4. 固化剂 T31、二丁酯、丙酮费用计入其他材料费内。
5. 表列用量已包括场内运输及操作损耗。

附录 B　材料周转及摊销

B.0.1　材料的周转及摊销均按式(B.0.1)计算：

定额用量 = 图纸一次使用量 × (1 + 场内运输及操作损耗)/周转次数(或摊销次数)　　(B.0.1)

B.0.2　混凝土和钢筋混凝土构件、块件模板材料周转及摊销次数应符合表 B.0.2-1 ~ 表 B.0.2-3 的规定。

表 B.0.2-1　现浇混凝土的模板及支架、拱盔、隧道支撑

顺序号	材料名称	单位	代号	其他混凝土的木模板及支架、拱盔、隧道开挖衬砌用木支撑等	水泥混凝土路面
				1	2
1	木料	次数	—	5	20
2	螺栓、拉杆	次数	—	8	20
3	8 ~ 12 号铁丝	次数	2001021	1	1
4	钢模	次数	2003025	—	—
5	铁件	次数	2009028	5	20
6	铁钉	次数	2009030	4	4

注：模板钉有铁皮者，木料周转次数应提高 50%。打入混凝土中不抽出的拉杆及预埋螺栓周转次数按 1 次计。

表 B.0.2-2　预制混凝土构件的木模板

顺序号	材料名称	单位	代号	矩形板、连续板、空心板、微弯板、方桩、墩台管节、管桩、护筒、立柱	圆管涵、拱波、预制块、护栏杆、栏杆、人行道、里程碑及其他小型构件
				1	2
1	木料	次数	—	17	25
2	螺栓、拉杆	次数	—	20	25
3	8～12 号铁丝	次数	2001021	1	1
4	铁件	次数	2009028	10	12
5	铁钉	次数	2009030	5	5

注：预制构件模板钉有铁皮者，木料周转次数应提高 50%。

表 B.0.2-3　组合钢模板材料的周转次数

顺序号	材料名称	代号	周转次数		预算定额材料名称	材料消耗（%）
			预制	现浇		
			1	2	3	4
1	组合钢模板	2003026	60	40	组合钢模板	0
2	组合钢模板连接件	2009028	25	16	铁件	0
3	螺栓、拉杆	2009028	20	12	铁件	2
4	压楞型钢	2003004	80	60	型钢	6
5	木夹条	4003002	5	3 次或 1 墩次	锯材	15
6	木支撑、木橛	4003001	12	8	原木	5
7	扒钉、铁件	2009028	10	10	铁件	2
8	钢丝绳、钢筋杆	—	40	40	钢丝绳、光圆钢筋	2.5
9	大块木模锯材(包括木拉带)	4003002	12	8	锯材	15
10	大块木模用圆钉	2009028	5	4	铁件	2
11	硬塑料管	—	1	1	其他材料费	2.5
12	橡胶板	—	20	20	其他材料费	2.5
13	钢板	2003005	100	80	钢板	6

B.0.3 脚手架、踏步、井字架、金属门式吊架、吊盘等摊销次数应符合表B.0.3的规定。

表B.0.3 脚手架、踏步、井字架、金属门式吊架、吊盘等摊销次数

材料名称	原木、锯材	钢材(钢筋、钢板、型钢、钢管、扣件)	铁件	铁钉	8~12号铁丝	钢丝绳
	1	2	3	4	5	6
摊销次数	20	80	20	2	1	40

注:使用一次算一次。

附录C 人工、材料、半成品损耗率及基价表

说　　明

一、本养护工程人工、材料、半成品损耗率及基价按照《交通运输部办公厅关于印发〈公路工程营业税改征增值税计价依据调整方案〉的通知》和《新定额不含进项税工料机计价表》编制，均为不含进项税基价。

二、新增材料、半成品基价参照《交通运输部办公厅关于印发〈公路工程营业税改征增值税计价依据调整方案〉的通知》中其他材料费调整系数进行调整。本定额中新增材料、半成品基价为不含进项税基价。

序号	材料代码	材料名称	规　　格	单位	定额基价（元）	单位质量（kg）	场内运输及操作损耗（%）
1	1001001	人工		工日	106.28	—	—
2	1051001	机械工		工日	106.28	—	—
3	1501001	M5 水泥砂浆		m^3	—	—	—
4	1501003	M10 水泥砂浆		m^3	—	—	—
5	1501007	M25 水泥砂浆		m^3	—	—	—
6	1503002	片 C15 -32.5 -8		m^3	—	—	—

续前页

序号	材料代码	材料名称	规格	单位	定额基价（元）	单位质量（kg）	场内运输及操作损耗（%）
7	1503007	普 C20－32.5－2		m^3	—	—	—
8	1503008	普 C25－32.5－2		m^3	—	—	—
9	1503062	泵 C25－32.5－2		m^3	—	—	—
10	1503122	喷 C25－32.5－2		m^3	—	—	—
11	2001001	HPB300 钢筋	ϕ10～14mm	t	3333.33	1000	2.5
12	2001002	HRB400 钢筋	ϕ15～24mm,ϕ25mm 以上	t	3247.86	1000	2.5
13	2001019	钢丝绳	股丝(6～7)×19,绳径 7.1～9mm;股丝 6×37,绳径 14.1～15.5mm	t	5970.09	1000	2.5
14	2001020	钢纤维	扁丝切断型、钢丝切断型、高强铣销型、剪切波纹型、剪切压痕型	t	5128.21	1000	2
15	2001021	8～12 号铁丝	镀锌铁丝	kg	4.36	1	2
16	2001022	20～22 号铁丝	镀锌铁丝	kg	4.79	1	2
17	2001023	刺铁丝		kg	5.04	1	2
18	2003004	型钢	工字钢,角钢	t	3504.27	1000	6
19	2003005	钢板	A3,δ=5～40mm	t	3547.01	1000	6
20	2003008	钢管	无缝钢管	t	4179.49	1000	4
21	2003009	镀锌钢管	外径 15～200mm,壁厚 2.75～4.5mm	t	4547.01	1000	4

续前页

序号	材料代码	材 料 名 称	规　　格	单位	定额基价（元）	单位质量（kg）	场内运输及操作损耗（%）
22	2003012	镀锌钢板	$\delta=1\text{mm}$,$\delta=1.5\text{mm}$,$\delta=3\text{mm}$	t	4538.46	1000	4
23	2003026	组合钢模板		t	4700.85	1000	0
24	2003043	吊顶轻钢龙骨	4.2m/kg	kg	12.14	—	6
25	2009002	钢钎	ϕ22～25mm,ϕ32mm	kg	6.32	1	20
26	2009003	空心钢钎	优质碳素工具钢	kg	6.84	—	20
27	2009004	ϕ50mm 以内合金钻头	ϕ43mm	个	31.88	1.1	—
28	2009005	ϕ150mm 以内合金钻头		个	81.71	4.82	—
29	2009007	钻杆	ϕ50mm、ϕ73mm、ϕ89mm、ϕ114mm,长 1m、1.5m	kg	6.84	1	0
30	2009008	中空注浆锚杆	混合规格	m	23.08	—	1
31	2009011	电焊条	结 422(502、506、507)3.24.05.0	kg	5.73	1	10
32	2009013	螺栓	混合规格	kg	7.35	1	2
33	2009014	镀锌螺栓	混合规格	kg	11.88	1	2
34	2009015	膨胀螺栓	混合规格	套	4.79	0.186	4
35	2009016	镀锌膨胀螺栓	混合规格	套	5.47	0.186	4
36	2009028	铁件	铁件	kg	4.53	1	2
37	2009029	镀锌铁件		kg	5.73	1	2
38	2009030	铁钉	混合规格	kg	4.7	1	2

续前页

序号	材料代码	材料名称	规　　格	单位	定额基价（元）	单位质量（kg）	场内运输及操作损耗（%）
39	2009032	铸铁箅子		kg	6.24	1	0
40	2009033	铸铁管		kg	3.42	1	0
41	2009186	钢管脚手及扣件		kg	3.8	1000	5
42	2009244	对拉螺栓	ϕ24mm×2450mm	套	152	—	4
43	2009501	钢丝刷	不锈钢	个	14.56	0.15	2
44	3001001	石油沥青		t	4529.91	1000	3
45	3003001	重油		kg	3.59	1	2
46	3003002	汽油	93 号	kg	8.29	1	2
47	3003003	柴油	0 号，-10 号，-20 号	kg	7.44	1	2
48	3005001	煤		t	561.95	1000	7
49	3005002	电		kW·h	0.85	—	0
50	3005004	水		m^3	2.72	1000	0
51	4003001	原木	混合规格	m^3	1283.19	750	5
52	4003002	锯材		m^3	1504.42	650	15
53	4003007	木柴		kg	0.71	1	5
54	5001004	橡胶条		kg	7.78	1	2.5
55	5001010	塑料防水板	厚 1.2mm	m^2	15.38	2	6

续前页

序号	材料代码	材料名称	规　　格	单位	定额基价（元）	单位质量（kg）	场内运输及操作损耗（%）
56	5001013	PVC 塑料管（ϕ50mm）		m	6.41	0.77	6
57	5001014	PVC 塑料管（ϕ100mm）		m	10.77	2.71	6
58	5001018	塑料弹簧软管（ϕ50mm）		m	10	—	6
59	5001043	PVC 注浆管		m	2.22	—	6
60	5001053	灌注式黏结胶	非特指	kg	59.83	1	—
61	5001061	碳纤维板黏结胶		kg	55.56	1	2
62	5001439	灌缝胶		kg	43.58	1	2
63	5001446	底胶		kg	55.53	1	2
64	5001447	找平胶		kg	51.24	1	2
65	5001490	注胶器		个	24.37	—	2
66	5001491	注胶座		个	1.03	—	2
67	5001501	玻璃胶	240mL/管	mL	0.08	0.001	2
68	5001760	振动标线涂料		kg	8.2	1	—
69	5001767	密封胶	非特指	kg	34.6	1	—
70	5001839	植筋胶	非特指	kg	55.82	1	—
71	5003006	锚固剂		t	1709.4	—	—
72	5003495	高效防水剂		kg	19.9	1	2

续前页

序号	材料代码	材料名称	规　　格	单位	定额基价（元）	单位质量（kg）	场内运输及操作损耗（%）
73	5003496	瞬间堵漏剂		kg	19.9	1	2
74	5003497	遇水膨胀剂		kg	19.9	1	2
75	5003501	除锈剂	4kg	kg	7.28	1	2
76	5003502	发泡剂	2.5kg	kg	11.65	1	2
77	5003503	氟	300g/瓶	瓶	38.84	0.3	2
78	5003504	助焊剂	100mL/瓶	mL	0.08	0.001	2
79	5005002	硝铵炸药	1号、2号岩石硝铵炸药	kg	11.97	1	1
80	5005003	导火线		m	1.28	0.012	6
81	5005006	普通雷管		个	1.6	0.004	3
82	5005007	电雷管	6号瞬发电雷管，带脚线1.5m	个	2.31	0.007	3
83	5005008	非电毫秒雷管	导焊管长3～7m	个	3.16	—	3
84	5009001	无机富锌漆		kg	41.03	1	2
85	5009002	油漆		kg	15.38	1	2
86	5009003	标线漆	常温型	kg	15.3	1	2
87	5009004	涂料	毛面涂料	kg	11.97	1	4
88	5009007	底油		kg	11.37	1	2
89	5009008	热熔涂料		kg	4.1	1	2

续前页

序号	材料代码	材料名称	规格	单位	定额基价（元）	单位质量（kg）	场内运输及操作损耗（%）
90	5009009	环氧树脂	E-42,E-44,E-51	kg	23.93	1	2
91	5009011	水玻璃	黏度 40°Bel	kg	1.79	1	2
92	5009017	磷酸二氢钠		kg	11.28	1	2
93	5009030	防锈漆		kg	10.81	1	2
94	5009433	碳纤维布		m^2	155.7	1	0
95	5009441	涂饰胶液		kg	11.25	1	2
96	5501002	土	路面用堆方	m^3	9.71	1400	4
97	5503003	熟石灰		t	276.7	1000	3
98	5503004	砂	路面用堆方	m^3	77.67	1500	4
99	5503005	中(粗)砂	混凝土、砂浆用堆方	m^3	87.38	1430	4
100	5505005	片石	码方	m^3	63.11	1600	2
101	5505011	白石子	堆方	m^3	291.26	1500	2
102	5505012	碎石(2cm)	最大粒径 2cm 堆方	m^3	88.35	1500	2
103	5505013	碎石(4cm)	最大粒径 4cm 堆方	m^3	86.41	1500	2
104	5505014	碎石(6cm)	最大粒径 6cm 堆方	m^3	85.44	1500	2
105	5505015	碎石(8cm)	最大粒径 8cm 堆方	m^3	82.52	1500	2
106	5505025	块石	码方	m^3	93.2	1850	1.5

续前页

序号	材料代码	材料名称	规格	单位	定额基价（元）	单位质量（kg）	场内运输及操作损耗（%）
107	5507001	马赛克		m^2	37.77	12	2
108	5507002	瓷砖	150mm×150mm×8mm	m^2	44.95	14	2
109	5507003	青(红)砖	240mm×115mm×53mm	千块	391.26	2600	1
110	5509001	32.5 级水泥		t	307.69	1000	2
111	5509002	42.5 级水泥		t	367.52	1000	2
112	5509003	52.5 级水泥		t	444.44	1000	2
113	5509005	白水泥		t	555.56	1000	2
114	5513001	石膏板	吸音板 600mm×600mm×9mm	m^2	12.14	12	5
115	6007003	反光玻璃珠	JT/T 280—1995 1、2 号(A 类)	kg	3.33	1	2
116	6007004	反光膜		m^2	170.94	—	10
117	6007005	反光突起路钮	通用型、耐磨型、陶瓷,隧道专用	个	10.26	—	2
118	6007007	栏式反射器		个	10.26	—	1
119	6007696	标志灯具		盏	302.75	—	1
120	6007799	隧道内标志牌		块	179.55	—	—
121	6025678	成品井盖	800mm×800mm	块	473.24	—	2
122	7001004	电线	6~25mm^2 BLV 铝芯 500V	m	1.97	—	1
123	7001013	双绞线	100m	m	2.57	0.075	1

续前页

序号	材料代码	材 料 名 称	规 格	单位	定额基价（元）	单位质量（kg）	场内运输及操作损耗（%）
124	7005501	防静电手刷	12cm×5cm×1cm	个	1.94	0.1	2
125	7005502	水晶头	AMP4P、6P、8P	个	1.17	0.002	2
126	7005503	电子镇流器	18W	个	36.9	0.5	1
127	7509501	金属钠灯泡（金属卤化物灯泡）	150W	个	116.52	0.5	1
128	7509502	镇流器	250W	个	97.1	0.5	1
129	7509503	启辉器	4～65W/220～240VAC	个	25.25	0.01	1
130	7509504	像素管	红/绿/蓝 LED	个	15.54	0.02	1
131	7509505	继电器	5/12/24VDC	个	43.7	0.05	1
132	7509506	日光灯管	欧司朗节能管，YDN36W/860	个	36.8	0.3	1
133	7801001	其他材料费		元	1	—	—
134	7901001	设备摊销费		元	1	—	—

附录 D　公路隧道养护工程机械台班费用定额

说　　明

一、公路隧道养护工程机械台班费用定额(简称“本台班定额”)与《公路隧道养护工程预算定额》配套使用,是编制公路隧道养护工程预算的依据。

二、本台班定额包括:水平运输机械,金属、木、石料加工机械,工程检测仪器仪表,其他设备等,共计 4 类 44 个子目。

三、本台班定额中各类机械每台(艘)班均按 8h 计算。

四、本台班定额由以下 7 项费用组成:

1. 折旧费:指施工机械在规定的耐用总台班内,陆续收回其原值的费用。

2. 检修费:指施工机械在规定的耐用总台班内,按规定的检修间隔进行必要的检修,以恢复其正常功能所需的费用。

3. 维护费:指施工机械在规定的耐用总台班内,按规定的维护间隔进行各级维护和临时故障排除所需的费用,包括为保障机械正常运转所需替换设备与随机配备工具附具的摊销费用、机械运转及日常维护所需润滑与擦拭的材料费用及机械停滞期间的维护费用等。

4. 安拆辅助费:指施工机械在现场进行安装与拆卸所需的人工、材料、机械和试运转费用以及机械辅助设施的折旧、搭设、拆除等费用。

5. 人工费:指随机操作人员的工作日工资(包括工资、各类津贴、补贴、辅助工资、劳动保护费等)。

6. 动力燃料费:指机械在运转施工作业中所耗用的电力、固体燃料(煤、木柴)、液体燃料(汽油、柴油、重油)和水等。

7. 其他费用:指施工机械按照国家规定应缴纳的车船税、保险费、标定检测费等费用。

五、本台班定额中第1~4项费用(折旧费、检修费、维护费、安拆辅助费)为不变费用,均已按照《交通运输部办公厅关于印发〈公路工程营业税改征增值税计价依据调整方案〉的通知》表1中定额调整系数进行扣减,为营改增后不含进项税施工机械台班费用。编制机械台班单价时,除青海、新疆、西藏等边远地区外,均应直接采用。至于边远地区因维修工资、配件材料等价差较大而需调整不变费用时,可根据具体情况,由各省、自治区、直辖市交通运输厅(局、委)制定系数并报交通运输部公路局备案后执行。

六、本台班定额中第5~7项费用(人工费、动力燃料费、其他费用)为可变费用。编制机械台班单价时,人工及动力燃料消耗量应以本定额中的数值为准。工资标准按各省现行规定执行。动力燃料费按当地的动力物资的工地预算价格计算。其他费用,如需缴纳时,应按各省、自治区、直辖市及国务院有关部门规定的标准,按机械的年工作台班(见下表)计入台班费中。

机械项目	隧道三维激光扫描检测车	沥青洒布车、汽车式划线车	高空作业车、路面清扫车	混凝土搅拌运输车、混凝土输送泵车、自卸汽车、洒水汽车、汽车式起重机、轮胎式起重机	载货汽车、机动翻斗车
年工作台班	50	150	180	200	220

七、机械自管理部门至工地或某一工地至另一工地的运杂费,不包括在本台班定额中。

八、加油及油料过滤的损耗和由变电设备至机械之间的输电线路电力损失,均已包括在本台班定额中。

九、本台班定额中凡注明“××以内”者,均含“××”数本身。

十、本台班定额的计量单位均执行国家颁布“中华人民共和国法定计量单位”。

十一、本台班定额中的定额基价是不变费用和可变费用的合计数，仅供参考比较之用，编制预算中不可直接采用。不变费用是按定额规定编制的，可变费用中的人工费、动力燃料费按下列预算价格计算：

项目	工资 （工日）	汽油 （kg）	柴油 （kg）	重油 （kg）	煤 （t）	电 （kW·h）	水 （m^3）	木柴 （kg）
预算价格（元）	106.28	8.29	7.44	3.59	561.95	0.85	2.72	0.71

十二、本台班定额是按在公路养护工程中常用的施工机械的规格编制的，规格与之相同或相似的，均直接采用。本定额中未包括的机械项目，采用现行《公路工程机械台班费用定额》（JTG/T M33）。

公路隧道养护工程机械台班费计算表

序号	代号	机械名称	主机型号	不变费用(元)					可变费用									定额基价(元)
				折旧费	检修费	维护费	安拆辅助费	小计	人工(工日)	气油(kg)	柴油(kg)	重油(kg)	煤(t)	电(kW·h)	水(m^3)	木柴(kg)	其他费用(元)	
									100	8.29	7.44	3.59	561.95	0.85	2.72	0.71		
一、水平运输机械																		
1	8007127	客货两用车		24.8	4.42	25.14		54.36	1	16								293.28
二、金属、木、石料加工机械																		
1	8015122	手持电钻	3kW	25.65	10.61	8.8		45.06						24				65.46
2	8015126	3kW 以内磨石机	3kW 以内	9.66	2.39	9.88		21.93			1.2							30.86
3	8015197	25mm 以内台式钻床		0.99	0.8	2.03		3.82	1					2				111.8
三、工程检测仪器仪表																		
1	8021501	噪声监测仪	30～130dB	0.68	0.19	0.81		1.68						0.2				1.85
2	8021502	接地电阻检测仪	0.1Ω～19.99kΩ	7.41	3.2	1.54		12.16						0.5				12.58
3	8021503	接地电阻检测仪	0.0001Ω～9.999MΩ	13.14	5.43	3.48		22.05						0.5				22.48
4	8021504	绝缘电阻测试仪	0～1000GΩ	4.08	1.72	0.88		2.23						0.2				6.85
5	8021505	数字式温湿度测试仪	-30～100℃，0～100%RH，分辨率0.1℃，0.1%RH	2.19	0.73	0.22		3.15						0.2				3.31

续前页

序号	代号	机械名称	主机型号	不变费用(元)					可变费用									定额基价(元)
				折旧费	检修费	维护费	安拆辅助费	小计	人工(工日)	气油(kg)	柴油(kg)	重油(kg)	煤(t)	电(kW·h)	水(m^3)	木柴(kg)	其他费用(元)	
									100	8.29	7.44	3.59	561.95	0.85	2.72	0.71		
6	8021506	手持式测速器	测速范围: 10～321km/h	4.36	1.53	0.28		6.17						0.2				6.34
7	8021507	电缆故障测试仪	测试距离40km, 盲区10m,精确点 误差0.15m	65.74	25.42	13.62		104.79						0.5				105.21
8	8021508	变压器电阻测试仪	1mΩ～20kΩ, 0.1～10A	24.89	8.57	2.69		36.15						0.5				36.58
9	8021509	过程校验仪	直流电压(DCV, 测量0～30V, 输出0～10V), 直流电流(DCmA, 测量0～24mA, 输出0～24mA), 频率1～10kHz, 电阻测量: 0～30200Ω, 电阻输出 35～3200Ω	4.72	1.57	0.36		6.65						0.2				6.82

序号	代号	机械名称	主机型号	不变费用(元)					可变费用									定额基价(元)
				折旧费	检修费	维护费	安拆辅助费	小计	人工(工日)	气油(kg)	柴油(kg)	重油(kg)	煤(t)	电(kW·h)	水(m^3)	木柴(kg)	其他费用(元)	
									100	8.29	7.44	3.59	561.95	0.85	2.72	0.71		
10	8021510	手提式吸尘器	100W	1.62		0.82		2.43						0.2				2.61
11	8021511	专用手提式吸尘器	吸水、吸尘,1000W,48L/s	8.86	2.09	1.6		12.54						0.5				12.98
12	8021512	防静电腕表		3.25				3.25										3.25
13	8021513	视频信号发生器	50~1000MHz	31.28	4.54	3.08		38.9						0.7				39.5
14	8021514	交直流钳型电流表	0~20A/200A	7.7	1.79	1		10.48						0.2				10.66
15	8021515	网线钳	RJ45/RJ11	0.75		0.2		0.95										0.95
16	8021516	对讲机	中频	2.03		0.88		2.91						0.2				3.08
17	8021517	数字 LCR 表	高解析密度 0.1μH,0.1pF 及1mΩ	7.76	1.79	0.92		10.47						0.2				10.64
18	8021518	红外点温仪	手持式,-40~800℃/-40~1472℉	0.17		0.09		0.26						0.2				0.43

续前页

序号	代号	机械名称	主机型号	不变费用(元)					可变费用									定额基价(元)
				折旧费	检修费	维护费	安拆辅助费	小计	人工(工日)	气油(kg)	柴油(kg)	重油(kg)	煤(t)	电(kW·h)	水(m^3)	木柴(kg)	其他费用(元)	
									100	8.29	7.44	3.59	561.95	0.85	2.72	0.71		
19	8021519	风速测试仪	风速0.1~20m/s、温度、湿度、风量测试仪	1.81	0.91	0.44		3.16						0.2				3.33
20	8021520	亮度检测仪	0.01~20000000cd/m^2	0.93	0.38	0.14		1.46						0.2				1.63
21	8021521	视频监控测试仪	NTSC、PAL自动识别	7.71	1.86	0.91		10.48						0.2				10.65
22	8021522	兆欧表	500V:0.00~250GΩ	4.33	1.59	0.48		6.4						0.2				6.57
23	8021523	网通仪	普通LED显示型	0.95	0.34	0.22		1.51						0.2				1.68
24	8021524	照度计	0.1~299900lx	37.16	25.26	8.11		70.53						0.2				70.7
25	8021525	数字压力表	精度0.05kPa,压力0~600kPa	12.35	3.35	1.7		17.39						0.2				17.57
26	8021526	蓄电池测量仪	0~50A,6V或12V	1.43	0.95	0.34		2.72						0.2				2.89

续前页

序号	代号	机械名称	主机型号	不变费用(元)					可变费用									定额基价(元)
				折旧费	检修费	维护费	安拆辅助费	小计	人工(工日)	气油(kg)	柴油(kg)	重油(kg)	煤(t)	电(kW·h)	水(m^3)	木柴(kg)	其他费用(元)	
									100	8.29	7.44	3.59	561.95	0.85	2.72	0.71		
27	8021527	验电器	—	0.21				0.21										0.21
28	8021528	手提式吹风机	220V,600W	1.39		0.51		1.9						0.2				2.07
29	8021529	望远镜	10倍	0.6		0.11		0.71										0.71
30	8021530	工具箱	包含绝缘手套、各类螺丝刀、榔头、卡扣钳,各类扳手	9.2		1.85		11.05										11.05
四、其他设备																		
1	8025005	光源	1310nm,1550nm,-6dBm	15.66	2.21	1.51		19.38						0.5				19.81
2	8025006	强光照明灯	高压钠灯	17.28	2.79	1.81		21.89						1				22.73
3	8025007	强光手电	充电式	0.34				0.34						0.2				0.51
4	8025008	维护专用储水罐	10L	0.86				0.86										0.86
5	8025009	卷线轴	手摇式	0.43				0.43										0.43
6	8025010	油枪	—	5.34	2.44	1.19		8.97						0.5				9.4
7	8025011	人字梯	3m	1.3		0.23		1.53										1.53

续前页

序号	代号	机械名称	主机型号	不变费用(元)					可变费用									定额基价(元)
				折旧费	检修费	维护费	安拆辅助费	小计	人工(工日)	气油(kg)	柴油(kg)	重油(kg)	煤(t)	电(kW·h)	水(m^3)	木柴(kg)	其他费用(元)	
									100	8.29	7.44	3.59	561.95	0.85	2.72	0.71		
8	8025012	管道疏通机	—	38.09	4.08	23.22		65.39	1	20.08								338.13
9	8025013	地质雷达	—	855	11.1	4.5		870.6	2									1083.16
10	8025014	隧道三维激光扫描检测车	—	6411.65	2218.8	942.9		9573.35	2		1.2							9794.84